JN093889

Compensation Strategy in
Job- and Market-Based HR

ジョブ型・マーケット型人事と賃金決定

人的資本経営・賃上げ・リスキリングを実現するマネジメント

青山学院大学ビジネススクール教授

須田敏子

【著】

中央経済社

まえがき

　「労働異動」も「労働移動」も促進するリスキリング，転職しやすい労働市場改革，職務給の導入など，日本の人事もようやく動きだす気配が見えてきた。一方，ジョブ型人事（「ジョブ型雇用」との言い方もあるが，人事は雇用を含む処遇や人材開発など多岐にわたる人事施策領域，人事に関する意思決定権など幅広い分野を含むと捉えて，本書では「ジョブ型人事」という言葉を用いる）は企業の中で急速に進展しているようだ。

　筆者は，2000年から2002年にかけて「賃金制度の日英比較」をテーマに，日本企業10社とイギリス企業8社の計18社を対象にケーススタディを行った。18社すべてが日本・イギリスを代表するような大手企業であった。イギリスのケーススタディ企業には，世界有数の製薬企業であるアストラ・ゼネカ，一時期日本に進出していたヴォダフォン，イギリス最大のスーパーマーケットチェーン・テスコ，世界最大の蒸留酒メーカー・ディアジオなどが含まれる。

　イギリスでのケーススタディ企業の中には，本社・人事部に席を与えられて，人事部員とともに朝から夕方まで一緒に過ごした企業もあり，昼食時には，一緒にカフェテラスに行き，多くの社員を紹介されたりもした。そんなケーススタディを通じて知ったのは，日本とはまったく異なる働き方であり，人事の世界であり，組織と個人のあり方だった。

20年前にイギリスで知った「マーケットプライシング」型賃金決定の実態

　日本とはまったく異なる人事の中のひとつが，賃金決定方法の決定的な違いだった。ジョブ型人事が普及するとジョブの遂行に要求される知識・スキル・経験・行動などの人的要件が具体化され，「見える化」する。「見える化」された人的要件によって，転職力（エンプリヤビリティ＝雇用される能力）が向上し，転職が進んでいく。もともと転職社会のイギリスだが，さらなる人材流動化の進展に伴い，アトラクション（採用）・リテンションのためには，いま現在の組織内と労働市場の双方における個々の労働者の価値に対応することが不可欠だ。

そういった中，以前から職務給賃金レンジのミッドポイントを，マーケットペイ（市場賃金）を参照して決定というマーケット型賃金決定を行っていたイギリス企業であったが（このタイプのマーケット型賃金決定を「職務評価付きマーケット型賃金決定」という），8社のケーススタディ企業中6社がマーケットプライシング（Market driven payともいう）という新たな賃金決定方法に移行していた。マーケットプライシングは個々のジョブの賃金レベルを，直接マーケットペイを参照して決定するという賃金決定方式である。20年前には，すでにマーケットプライシングが普及していたのだ。この変化は，大西洋を挟んだアメリカ・カナダでも同時に進行していた。さらに，マーケットプライシングへの賃金決定方式の変化は，賃金決定とキャリア開発が直結するという人材開発面の変化など賃金分野以外の人事領域でもさまざまな変化を引き起こしていた。これらの人事の実態を本書では，具体例を示しながら紹介していく。

ジョブ型人事が変える「組織と個の関係」「人事のあり方」を 実感し始めた日本企業

すでに日本企業の中でもジョブ型人事を導入している企業は，ジョブ型人事が「組織と個の関係」やさまざまな面での「人事のあり方」を変化させている。ジョブ型人事となれば，ジョブの遂行に要求される人的要件が「見える化」するため，組織の側からみれば，人材開発やキャリア開発，タレントマネジメントが効率的・効果的に実行できるようになる。個人の側からみれば，自身が望むキャリア開発に必要な人的要件を具体的に知ることができるため，自律的キャリア開発が促進される。同時に，人的要件の「見える化」によって，エンプロイヤビリティが強化される。まだ，マーケットプライシングまではいたっていないが，マーケットペイの活用も普及してきている。20年前にイギリスで知った人事の実態に，日本企業も徐々に近づいてきたのだ。そして，明らかにジョブ型人事を導入している企業は，「組織と個のあり方」や，人材開発・人事評価などさまざまな人事領域で変化を実感している。「ジョブ型人事とは何か」の本質をつかみ始めているのだ。本書では，ジョブ型人事の導入企業5社（日立製作所，東京エレクトロン，テルモ，三菱マテリアル，三菱ケミカル）の取組みを通じて，ジョブ型人事が変えるさまざまな側面を具体的に紹介していきたい。

人的要件の「見える化」が起こす変革

　これまで人的要件の「見える化」がさまざまな変革を起こすことを紹介してきた。1990年代の成果主義人事から始まり，成果主義人事と補完性のあるジョブ型（当時は「職務基準」などの言葉が一般的だった）の人事制度が2000年前後から普及してきた。だが，当時はまだジョブ型人事がもたらす変化の本質が理解されず，成果主義人事への批判なども起こった。そして，ようやく本格的なジョブ型人事を導入する企業が増えるにつれて，「ジョブ型人事とは何か」が徐々に理解され始めている。

　筆者が20年ほど前にイギリスで知った「ジョブ型人事はマーケット型人事であること」「ジョブ型人事となると人的要件の『見える化』が起こり，さまざまな変革を引き起こす」などを，日本の皆さまに紹介する時代となってきたと感じている。うれしいかぎりである。

　最後になるが，イギリスでケーススタディを行った20年ほど前からずっと温めてきた本企画を実現してくださった㈱中央経済社と同社学術書編集部編集長の市田由紀子氏に心からの謝意を捧げたい。

　2024年 1 月

東京・渋谷にて

須田　敏子

目　　次

第3章　日本企業のジョブ型・マーケット型人事のケース
─人的要件の「見える化」が生み出す「自律型人材開発の促進」 「組織と個の対等な関係」などの変化 ─────────── 141

東京エレクトロン

三菱マテリアル

全社的組織改革CXの 4 つの経営改革の一翼を担うHRXで人事分野
の抜本改革を進行中―"多様な人材"が，"属性に関わらず""公正に処遇"
される組織を目指す／201

三菱ケミカル

「主体的なキャリア形成」「透明性のある処遇・報酬」「多様性への促進と支援」を柱に人事制度を改定―「キャリアのオーナーシップは個人へ」をキーワードに新たな人材マネジメントのあり方を追求／215

━━━━━━━━━━━━┥ **序**章 ┝━━━━━━━━━━━━

ジョブ型・マーケット型人事が解決する日本の課題
―「健全な人材流動化」「人的資本経営」
「リスキリング」「恒常的賃上げ」などを実現―

1 ┃ ジョブ型人事に対する急速な関心の高まり

　職務・役割等級や職務・役割給など職務基準の人材マネジメントが，1990年代後半から徐々に広まってきている。さらに，近年は「ジョブ型人事」への関心が急速に高まっている。主要なきっかけの１つは，経団連の2021年・2022年の「経営労働政策特別委員会報告」におけるジョブ型・メンバーシップ型雇用から自社型雇用システムを選択しようとの提案である（**図表序－１**）（経団連は「ジョブ型雇用」としているが，本書では「ジョブ型人事」との言葉を用いる。人事は，雇用を含む処遇や人材開発など多岐にわたる人事施策領域，人事に関する意思決定権など幅広い分野として捉えるためである）。

　もう１つは，2022年以来の日本政府の動きである。政府は2023年６月16日に「新しい資本主義」の柱として，「リスキリング（学び直し）による」「転職しやすい労働市場改革」「職務給の導入」を一体に進めるとしている。この政府の「新しい資本主義」３つの柱は，お互いに補完性を有するものであるため，一体に進めるとの方針は正しいものであろう。３つの柱の補完性は，職務給（＝ジョブ型人事）となると，ジョブの内容とジョブ遂行に求められる知識・スキル・経験・行動などの人的要件が「具体化」「見える化」する。そのため，ジョブ型人事が普及すると，組織内での昇進・昇給や転職のためには，どんな人的要件を習得するべきかを具体的に知ることができるため，リスキリングに対する意欲が増す。リスキリングすれば，転職力（エンプロイヤビリティ＝雇用される能力）が強化され，結果として転職しやすい労働市場となるのである。

　日本（特に大企業）では雇用保障が重視されてきたため，労働移動が少なく，

｜図表序ー1｜「自社型」雇用システムのイメージ図

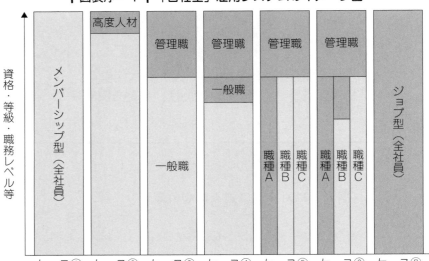

出所：経団連「2021年版　経営労働政策特別委員会報告」

転職機会が少なかった。そういった中，社員は社内で評価されて出世競争に打ち勝つことに尽力することとなり，結果としてリスキリング（学びなおし）に対する投資が少なかった。

　ようやく，日本も世界標準のジョブ型人事へ本格的に転換する機運が出てきているようだ。筆者は20年ほど前に調査を通して実態を知った「ジョブ型・マーケット型人事」にやっと近づいてきた，と感じている。筆者の本書執筆の動機は，日本でジョブ型人事への関心が高まっている現在，ジョブ型人事の先にあるのはどんな世界なのかを，豊富なデータを基に紹介することにある。

　ジョブ型人事が変える世界を垣間見れば，ジョブ型人事が普及すれば，多くの労働者の転職力が高まり，昇進や賃金レベルの決定も組織内の評価だけでなく，労働市場での評価が影響を与える。これが，組織と個の関係，組織内の社員同士の関係，人材開発・キャリア開発・ワークキャリアのあり方などあらゆることを変え，人的資本経営も実現し，恒常的な賃上げ構造も実現するのである。この具体的な内容を，本書を通じて紹介できれば幸いである。

コラム	「ジョブ型人事」が世界標準

―日本以外の国には「ジョブ型人事」しか存在しない

　日本では，ジョブ型人事は新しい人事タイプだが，ジョブ型人事が世界標準であり，日本以外の国には，ジョブ型人事しか存在しない。そうなると，ジョブ型人事が当たり前となる。その結果，なぜジョブ型人事が普及し，一般化したかの分析は行われなくなる。イギリスで修士号・博士号を取得した筆者はこの問題に直面した。筆者の博士号研究テーマは「賃金制度の日英比較」であった。研究で最初に行うのが文献研究である。文献研究によって日本とイギリスの賃金制度の特色を特定するのだが，困ったことにイギリスの賃金制度の特色の1つである「ジョブ型賃金」に関して，「なぜ・どのように発生し」「普及し」「定着したか」をまとめた文献がないのである。ジョブ型に決まっているから，分析する必要がないのだ。これに対して，日本では世界標準のジョブ型ではない日本独自の人基準が「発生し」「普及し」「定着した」ため，「なぜ・どのように発生し」「普及し」「定着したか」の分析が多く存在する。

　困った筆者は労働経済学や制度経済学，取引コスト経済学などの経済学の文献を当たった。その結果，「経済学によれば，個人の賃金レベルを決めるのは，労働市場と組織内における担当ジョブとその人の価値によって決まる」（Dunlop, 1964；Williamson, 1975；Elliot, 1991）と結論づけ，博士論文の分析の基本要素を決定したものだった。

　ちなみに，歴史的には産業革命後にイギリスで同じ職業（Occupation）を有する労働者が集団となって，企業と賃金などの労働条件交渉を始めたことにある。その結果，現在でもイギリスでは労働組合の単位は職業別である。

コラム	「職務基準＝ジョブ型」だが， 「人基準＝メンバーシップ型」ではない

　「ジョブ型」の普及とともに，ジョブ型と対照的な人事タイプとして普及しているのが，「メンバーシップ型」である（「ジョブ型」「メンバーシップ型」を提案したのは，濱口（2009）である）。経団連の提案も，ジョブ型とメンバーシップ型を対比的に取り上げている。ここでやや混乱してしまうのが，「職務基準＝ジョブ型」なので，「人基準＝メンバーシップ型」ではないか，と思ってしまうことだ。「人基準＝メンバーシップ型」と考える理由は，日本で独自に発達した人基準の社員等級である職能資格等級における職務遂行能力の能力定義が具体的に設定されていな

かったためだ。これは，日本の特殊事情である。これに対して，1980〜1990年代か
ら欧米で普及してきたスキルベースの社員等級では，スキルセットが具体的に提示
されているため，個人のスキルが該当する社員等級に格付けされることとなる。「人
基準＝メンバーシップ型」ではないのである。具体的なスキルベースの賃金構造を
示した例を**図表序－2**に示した。ホワイトカラー対象のコンピテンシーベースの人
的要件についても，イギリスのCIPD（Chartered Institute of Personnel and
Development）などが，職業資格と連動した具体的なコンピテンシー要件，開発
方法，評価方法などを提示しているが，書籍にすると数冊分の内容であるため，本
書ではスキルベース構造のみを紹介する。なお，第1章〜第3章で紹介するジョブ
型人事では，ジョブを遂行するために必要な人的要件（知識・スキル・経験・行動
など）が，パーソンスペシフィケーションで具体化・特定化されているため，ジョ
ブ型人事は従来の日本型人事における人基準以上に人的要件の具体度・特定度の度
合いが高いことを明記しておく（パーソンスペシフィケーションをジョブディスク
リプションに含める場合もある）。

2 ┃ 世界標準のジョブ型・マーケット型人事がもたらす変化

　ジョブ型人事に対する関心の高まりを紹介したところで，ジョブ型人事が普
及すると具体的にどんな変化が起こるかについて概観する。

2-1 「ジョブ型人事」は「マーケット型人事」を意味する

　ジョブ型人事が変える世界で，まず第1に紹介したいのは，ジョブ型人事と
なればマーケット型人事となるということ。ジョブ型人事とマーケット型人事
は一体だということだ。ジョブ型人事はジョブの内容（職責・主要タスクなど）
とジョブ遂行のために必要な人的要件（知識・スキル・経験・行動など）を特
定する。つまり，ジョブに連動した人的要件の「見える化」が起こるのである。
ジョブ型人事が普及してくると，個人が有する「見える化」した人的要件が労
働市場で売買されるようになる。需要の高い人的要件を有する人は，内部昇進
も転職による昇進もしやすくなり，賃金も高くなる。逆に，需要の低い人的要
件を有する人は内部昇進も転職による昇進も難しく，賃金も安くなる。このよ
うにジョブ型人事が普及すると，ジョブに連動した人的要件のマーケット（労

図表序-2 スキルベース等級の例 "FMC (Food Machinery and Chemical) コーポレーションのテクニシャン" に対するスキルベース構造

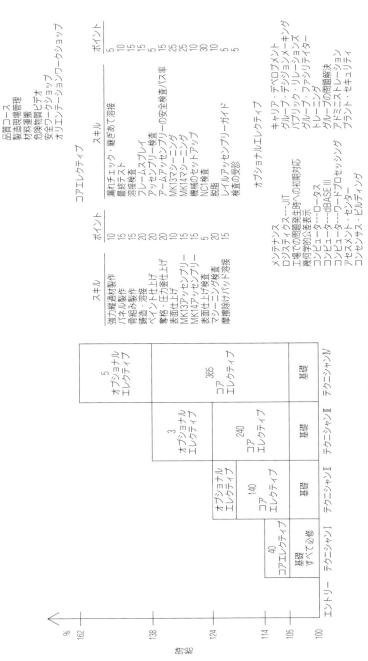

スキル	ポイント
強力縦通材製作	10
パネル製作	15
骨組み製作	20
鋳造・溶接	20
ペイント仕上げ	20
奪格・圧力釜仕上げ	10
表面仕上げ	15
MK13アッセンブリー	15
MK14アッセンブリー	5
表面仕上げ検査	20
マシーニング検査	15
摩擦撹拌パッド溶接	

コアエレクティブ

スキル	ポイント
漏れチェック・継ぎあて溶接	5
最終検査	10
溶接検査	15
フレームスプレイ	5
アッセンブリーの安全検査パス率	15
アームアッセンブリー	25
MK13マシーニング	25
MK14マシーニング	10
機械のセットアップ	30
NCI検査	10
脱脂	5
レイルアッセンブリーガイド	5
検査の受診	

オプショナルエレクティブ

メンテナンス
ロジスティクス──JIT
工場での問題発生時への初期対応
幾何学的公差表示
コンピューター──ロータス
コンピューター──dBASE III
コンピューター──ワードプロセッシング
アセスメント・センター
コンセンサス・ビルディング

キャリア・デベロプメント
グループ・デシジョン・メーキング
パブリック・リレーションズ
グループ・ファシリテーター
トレーニング
グループの問題解決
アドミニストレーション
プラント・セキュリティ

基礎

品質コース
製造現場管理
材料運搬
危険物質管理
安全ワークショップ
オリエンテーションワークショップ

出所：Gerhart, B. & Newman, J. M. (2020) *Compensation (13th ed.)* McGraw-Hill.

働市場）での価値によって，昇進や賃金が決定する「マーケット型人事」となる。賃金に関しては，本書の第１章と第２章でマーケットとの連動方法を紹介する。

2-2　ジョブ型人事が促進する自律的人材開発

　ジョブ型人事は，ジョブの内容とジョブ遂行のために必要な人的要件を特定するため，人材開発の方法が具体的に示される。ジョブの内容を記載したものを，ジョブディスクリプション，ジョブ遂行のために必要な人的要件を記載したものを，パーソンスペシフィケーションという。なお，ジョブディスクリプションにパーソンスペシフィケーションを含む場合もある。その結果，ジョブ型人事となると，組織にとっては，社員の配置や開発，タレントマネジメントなどの効率性・効果性が高まる。一方，個人の側は，自分のやりたいジョブに就くためには，あるいは自分の望むキャリア開発のためには何をすればよいのかがわかる。つまり，自身に対する人材開発の具体的方法を知ることができ，自律的キャリア開発が促進される。上司も部下との間でジョブと人的要件に関する情報を共有するため，部下のキャリア開発のサポートに関する効果性・効率性が向上する。このように，ジョブ型人事はさまざまな面から人材開発を促進するのである。現在，政府が推進しているリスキリングにも，ジョブ型人事はもちろん効果的である。

2-3　ジョブ型・マーケット型人事で人材開発意欲がいっそう高まる

　ジョブ型人事だけでも人材開発は促進されるが，ジョブ型・マーケット型人事となると，さらにエンプロイヤビリティが高まり，自分の望むジョブやキャリアを自社だけでなく労働市場全体で見つけやすくなり，選択の幅がぐっと広まる。その結果，個人の人材開発意欲はさらに高まるだろう。さらに，ジョブ型・マーケット型人事となると自身の「見える化」した人的要件と昇進・賃金との連動性が高まり，この面でも人材開発意欲はさらに高まると考えられる。以上のように，内的モチベーション・外的モチベーションの双方が向上するのだ。企業の側も「見える化」した需要の高い人的要件を有する社員のリテンションには，本人の望む方向でのキャリア開発の実現がより重要となるため，社員

の人材開発・キャリア開発をいっそう重視してくるだろう。

　ジョブ型・マーケット型人事は，すでに労働市場で働いている労働者の人材開発意欲を高めるだけではない。まだ労働市場に出ていない学生にも同じ方向で影響を与えるだろう。「どんな経験をしたら」「どんな知識やスキルをもっていたら」「どんなジョブで採用され」「どの程度の給料がもらえるか」などが具体的に提示されていれば，学生時代から自身のワークキャリアに対する関心が高まり，学習意欲も高まるだろう。

　なお，日本の労働者の「業務外の学習・自己啓発」の実施率が低いという国際比較調査（パーソル，2022）を基に，「リスキリングへの日本の労働者の意欲は乏しい」（日本経済新聞，2023）と指摘がある。調査は，パーソル総研が2022年に実施した日本，オーストラリア，スウェーデン，イギリス，フランス，ドイツ，中国，シンガポール，韓国，香港，アメリカ，台湾，タイ，マレーシア，フィリピン，インドネシア，ベトナム，インドの18か国で行った調査であり，同調査では，たとえば「業務外の学習・自己啓発活動を何も行っていない」との回答が，日本（52.6％）と最も高いという結果となった。同じ回答の高い率で調査国を並べると，オーストラリア（28.6％），スウェーデン（28.1％），イギリス（24.1％），フランス（22.6％），ドイツ（21.2％），中国（20.6％），シンガポール（20.1％），韓国（19.3％），香港（18.8％），アメリカ（15.7％），台湾（14.5％），タイ（13.4％），マレーシア（9.5％），フィリピン（5.6％），インドネシア（5.4％），ベトナム（3.6％），インド（3.2％）となる。以上のように，日本の「学習・自己啓発を行っていない」割合が圧倒的に高い。この理由の1つに，日本ではジョブ型・マーケット型人事が普及していないことが挙げられるだろう。「学習・自己啓発」によって，転職による望むキャリアの実現や昇進・昇給などの処遇が具体的に把握できない日本では「学習・自己啓発」意欲が低くなるのは，ある意味当然だろう。

2-4　日本の賃金停滞問題を解決し，恒常的賃金上昇を実現

　ジョブ型・マーケット型人事によって，長年日本で問題だった賃金停滞問題は根本的に解決する。直近では賃金が上がってきているが，ジョブ型・マーケット型人事となれば，マーケットペイ（市場賃金）が普及するため，企業はマーケットペイを基準に賃金を支払う必要が出てくる。たとえ，払う能力がな

くても（払えば倒産の危機があるなど），マーケットペイ基準を満たす賃金レベルを支払わなければ，社員は採用（アトラクション）できないし，リテンションしないからだ。働く人がいなければ企業はなりたたない。日本以外の国で賃金が上昇してきた大きな理由がここにある。以前，人材流動性の高いアメリカ・イギリスで実務家のHR団体のカンファレンスに参加した際には，報酬やベネフィットのセッションが数多く設定され，セッションでは熱の帯びた議論がなされており，筆者は，払えなくても払わなくてはならない実態を感じたものだ。

　社員が所属組織に対して自身の意思を通す方法は，Voice（交渉）とExit（退職）の２つがある。組織と社員の力関係からすると，社員１人で組織と交渉は不利となるため，Voice機能は労働組合などの団体交渉などを指すことが多い。これに対してExitは社員１人でできる組織との交渉材料である。これまで長期雇用の下で，日本ではExit機能が働かなったことが，日本の賃金停滞問題につながっていたと思われる。賃上げには，健全な人材流動化が必要で，政府の目指す「転職しやすい労働市場改革」は重要だろう。

2-5　昇進基準の変化—社内の出世競争から自身の人的資本強化へ

　人事のタイプには，組織内の評価のみで昇進や賃金レベルが決まる組織型人事（Organization-based HR）と，組織と労働市場の評価によって昇進や賃金レベルが決まる市場型人事（Market-based HR）の２つのタイプがあり，長期雇用に基づき日本では組織型人事が定着し，日本以外の国では市場型人事が普及している（Dore, 1989；須田，2004）。

　組織内の評価のみで昇進や賃金レベルが決まっていた時代には，昇進や賃金レベルは社内での評価によって決まっていた。しかも日本型人事は，選抜結果をキャリアの中盤・後半まで明らかにしない「遅い選抜・昇進」（「遅い選抜・昇進」については後述）によって，出世競争を促進していた。だが人材流動化が進むと社内の評価だけで昇進も賃金レベルも決まらず，労働市場における各人の価値が重要要件となる。そうなると，昇進や昇給は，自分自身の組織内外でのマーケットバリューを上げることで決まることとなる。言葉を変えれば，自身の人的資本を強化するによって，昇進や昇給が決まってくる。

　そうなると組織内部での競争の重要性が低下し，社員間での競争相手という

感覚が弱まり，社内の人間関係も変わってくる。競争相手は労働市場にいる同じようなジョブに従事する同じような人的要件をもった「誰か」となり，競争相手は特定できなくなる。誰かわからない人との競争のほうが，競争意識は低くなることが知られている。

2-6　人事評価目的の変化―処遇判断目的重視から人材開発目的の重視へ

　ジョブ型・マーケット型人事が普及すると，昇進や賃金レベルの決定は，組織内部の評価だけで決まらず，マーケットにおける担当ジョブに対する評価の影響を受けることになる。これが，人事評価に影響を与える。人事評価の目的には，処遇判断目的（Judgement Purpose）と人材開発目的（Development Purpose）の2つからなる（Armstrong & Brown, 2019；Cassio & Aguinis, 2011）。長期雇用下で内部評価のみで昇進や賃金が決定していた日本では，処遇判断目的が重視されてきた。重視されるどころか，日本では「人事評価イコール処遇判断」と理解されてきたのではないだろうか。これがジョブ型・マーケット型となると，人材開発目的の相対的な重視度が上がる。人事評価を通して強み・弱みを知り，人材開発やキャリア開発に役立てることが，組織にとってリテンションやモチベーション，エンゲージメントなどにより重要となるためだ。

2-7　個と組織の関係―より対等な関係へ

　ジョブ型・マーケット型人事となると，組織と個人の関係も変わってくる。個人の側は，「自分の望む仕事に就ける」「望むキャリアが実現できる」「満足できる処遇を受けられる」などの判断基準から所属する組織を決めるだろう。組織の側は，高い人的要件をもつ組織にとって必要な人材のリテンションはより重要となるだろう。なお，人的要件は一般的には知識・スキル・経験・行動などを指すが，具体的には実にさまざまな要素が含まれる。たとえば，チームビルディングに貢献する，困っている同僚を助けたるなどの組織市民的行動をとる，リジリエンス力が高い，などは人的要件に含まれる。
　いずれにしても，組織の側は，組織にとって必要な人材を選び，個人の側は，所属したい組織を選ぶ，という対等な組織と個の関係ができるのである。

コラム	イギリスにみるジョブ型・マーケット型人事を支える 社会保障の実態

　ジョブ型・マーケット型人事は健全な人材流動化を生み，さまざまな面で効果が
あることを紹介してきた。だがもちろん，ジョブ型・マーケット型人事にも問題は
ある。雇用が不安定になるということだ。この問題の解決には社会保障の充実が不
可欠だ。たとえば，失業給付の支給レベル・期間の両面での拡充が必要となる。こ
れを考えた時に思い出すのは，イギリスでの体験だ。体験は数多いが，日本の政府
機関から依頼を受けてイギリスの社会保障の実態を調査した時のことを１つ紹介す
る。失業給付の担当者にイギリスの失業給付の支給期間を聞いたところ，担当者は
「forever」と答えた。イギリスの失業給付期間は制度としては６か月のため，筆
者は「６か月」との答えを予想して聞いた回答が「forever」だったのだ。担当者
が続けて説明したのは「６か月経った時点で失業していたら，６か月延長される。
これを続けていけばforeverとなる」というものだった。失業した状態でも，失業
給付期間が過ぎると給付が打ち切られる日本にいたため，日本の常識を基に海外の
基準を判断していたのだ。ここから言えることは少なくとも２つあるだろう。１つ
は社会によって基準は異なり，現場にいかないと異なる基準を知ることはできない
こと。もう１つは，日本の社会保障の水準は低いということだ。

3 ｜ 世界的にユニークな日本型人事

　日本型人事は日本でのみで独自に発展したもので，世界的に非常にユニーク
な特色に満ちている。図表序－３に主な特色を挙げている。本書では，日本型
人事の特色として指摘されることの少ない「集権的人事管理」を中心に，いく
つかの特色を，国際比較を交えながら，紹介する。

｜図表序－3｜　正社員に対する伝統的日本型人事の特色

- 長期雇用
- 新卒一括採用
- 年次管理に基づく年功制（人事評価付年功制），遅い選抜・昇進
- 内部昇進・内部人材開発
- 半スペシャリスト・半ジェネラリストの一律型人材育成（属人要素別マス管理）
- 人ベースの社員等級・賃金決定（曖昧な職務内容・人的要件）
- 集権的人事管理

3-1　新卒一括採用，長期雇用，年次管理・年功制，内部昇進・内部人材育成が生み出す「遅い選抜・昇進」

　人材マネジメントは採用に始まるが，職種・職務・知識・スキル・経験・行動などにかかわらず同一年に採用した同学歴の新卒社員は，同じ時期（4月）に同じ賃金水準で採用する新卒一括採用は，採用という入口部分に対する日本独自の人材マネジメントである。そして，新卒一括採用に基づいて年次管理・年功制，内部昇進・内部人材開発と続く，組織内部の閉ざされた世界で評価，昇進，開発が行われる。さらに重要な特色として，キャリアの前半には同期入社社員間に大きな昇進格差をつけず，昇進できるかどうかをキャリアの後半まで明らかにしない「遅い選抜・昇進」システムである。これによって出世競争に多くの社員が留まり，社内で激しい出世競争を繰り広げる（小池，1993，1994，1999；須田2010，2018）。かつては日本型人事の強みと言われ，日本型人事の代表的な競争戦略であった「遅い選抜・昇進」システムが実現する前提となるのが，長期雇用と年次管理・年功制であることは言うまでもなく，「遅い選抜・昇進」は年功制の別の表現とも捉えられる（須田，2022）。

　内部昇進については，国際比較データでみていきたい。国際比較からわかることは，日本のみが「他企業での経験なし」（82％），「他企業での経験あり」（18％）と「他企業での経験なし」の割合が高いということだ。欧米先進国・BRICSなど新興国のすべての国で，「他企業での経験あり」の割合が高く，日本のCEOまで内部昇進・内部人材育成なのは，世界的に非常にユニークな日

│ 図表序－4 │　CEO就任時の経験

	米国・カナダ	西ヨーロッパ	日本	その他先進国	中国	ブラジル・ロシア・インド	その他新興国
■ 他企業での経験なし	6	14	82	29	34	33	35
□ 他企業での経験あり	94	86	18	71	66	67	65

出所：Strategy & (2018)「2018年CEO継承調査」

本の特色の1つである（**図表序－4参照**）。

コラム　　外国人の疑問「終身雇用で年功制なのに，日本人はなぜ，あんなに働くのか？」

　長期雇用で解雇される可能性はほとんどなく，しかも年功制によってパフォーマンスが低くてもある程度は昇進・昇給する。それなのに「なぜ日本人は過労死するほど働くのか」イギリスに住んでいたときによく聞いた言葉であり，書籍や論文などでも語られていた。そして，日本人が働く理由として，日本文化や日本人の特殊性が挙げられることが多かった。だが，前述のとおり，これは誤りである。長期雇用・年功制に基づいて「遅い選抜・昇進」システムが機能してきた日本企業において，出世競争に勝つためには激しく働くしかなかったのだ。もちろん長時間働いたふりをして，実際にはあまり働いていない人も多い。実際に筆者もそういう人を見てきた。

3-2　半ジェネラリスト・半スペシャリスト型人材開発

　日本では人材育成方針として，ジェネラリスト型開発が挙げられることが多い。だが，世界標準のジョブ型人事における一部の選抜されたジェネラリストに比べると，ローテーションの幅はずっと小さい（須田，2010, 2018；Storeyほか，1997）。半ジェネラリスト・半ジェネラリスト型というのが，実体といえる。ジェネラリストあるいはスペシャリストならば，転職可能性が高いが，半ジェネラリスト・半スペシャリスト型人材は最も転職可能性が低い。徐々に本人もそれに気づいて，「この会社でがんばるしかない」と思うようになる。出世競争がより激しくなる理由である。しかも，「配属ガチャ」との言葉があるように，個人のキャリア希望は通りにくい。年齢・勤続年数・学歴など属人的要素に基づくマス管理が行われ，多くの人に一律的な人材開発が行われる。「日本人はエンゲージメントスコアなどが低い」と言われるが，ある意味当たり前なのではないだろうか。

3-3　人事機能の特色─集権的人事管理・戦略性・国際性

　これまで人事施策について紹介してきた。次いで人事機能の特色についてである。これまでの調査から，日本の人事の特色として，人事部の意思決定権が相対的に強い集権的人事管理であることが明らかとなっている。年次管理に基づく年功制，属人的要素に基づくマス管理の下で半ジェネラリスト・半スペシャリスト型の一律的人材開発などを行っていれば，ジョブの内容や人的要件，パフォーマンスなどの現場情報の重要性が低下するためだ。長期雇用下で人事主導によって部門や職種を超えたローテーションを行い，これによって長期的には1人の社員を評価する上司の数が増加するため，評価の客観性が高まり，公平性・納得性なども向上する（須田，2010, 2018）。

　「採用・選抜の決定者は誰か」と「賃金の決定者は誰か」に関する，国際比較からみると，日本だけが「人事部門が決定」との回答が多いことがわかる。日本以外の国は「ライン管理者が人事部門のサポートを受けて決定」と「人事部門がライン管理者のサポートを受けて決定」が多数を占めている。ここで紹介する国際比較は，フランス・ドイツ・イギリス・ロシア・日本・アメリカ・

| 図表序－5 |　採用・選抜の決定者は誰か

日本の特色…日本のみが人事部門が採用・選抜の決定部門との回答が多い

	フランス	ドイツ	イギリス	ロシア	日本	アメリカ	台湾
■ ライン管理者	7	8	17	36	5	4	8
■ ライン管理者が人事部門のサポートを受けて決定	39	49	37	19	21	40	37
■ 人事部門がライン管理者のサポートを受けて決定	51	40	38	37	15	40	41
□ 人事部門	3	3	8	8	59	16	14

出所：Cranet Survey (2011)

台湾の7つの国・地域であるが，調査対象は32の国・地域であり，全体傾向も同様で，日本だけが「人事部門が決定」の回答が高い（**図表序－5，6参照**）。
　次いで人事の戦略性について。同じ国際比較調査から「人事部門の経営戦略への関与」と「HRM戦略の存在」を基に日本の人事あるいは人事部門の戦略性をみていきたい。「人事部門の経営戦略への関与」については，日本は「最初から」（39％）と7つの国・地域の中で最も低い。日本は「議論のプロセスの中で」（41％）の割合が最も高い。「HRM戦略の存在」については，「明文化された戦略がある」の割合は，台湾（60％），アメリカ（60％），イギリス（59％）が高い国・地域であり，日本（42％）はフランス（39％），ドイツ（39％）と中間的なグループに入っている。「HRM戦略はない」との回答は，日本（33％）はロシア（39％）に次いで低い国となっている。どうやら，戦略性は高いといえないようだ（**図表序－7，8参照**）。
　筆者は日本の戦略性が高くないのは，集権的意思決定に関連があると思っている。分権型人事管理では，人事部門の存在意義として戦略性や専門性がより強く求められると予測できる。新卒一括採用で半ジェネラリスト・半スペシャ

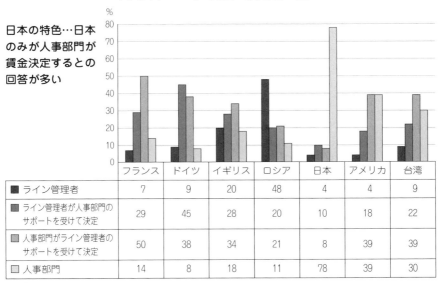

｜図表序－6｜　賃金の決定者は誰か

日本の特色…日本のみが人事部門が賃金決定するとの回答が多い

	フランス	ドイツ	イギリス	ロシア	日本	アメリカ	台湾
■ ライン管理者	7	9	20	48	4	4	9
■ ライン管理者が人事部門のサポートを受けて決定	29	45	28	20	10	18	22
■ 人事部門がライン管理者のサポートを受けて決定	50	38	34	21	8	39	39
□ 人事部門	14	8	18	11	78	39	30

出所：Cranet Survey (2011)

リスト型人材育成が普及する日本では，専門性が高いとは思えない。集権的人事管理下で高い専門性・戦略性がなくても，人事機能（部門）の意義はある程度保たれていると推測する。

　人事の国際性については，日本型人事が世界的に非常にユニークな状況を考えると低いと思われる。実際に，日本企業対象にグローバル規模の人事制度があるかどうか聞いた調査では，近年の2017〜2019年には10%前後である。これに対して，筆者自身が行った外資系企業対象の調査では，「グローバル共通の文書で記載された人事に関する方針が存在する」（45%）と，日本に拠点をもつ海外の多国籍企業では約半数の企業で，グローバル共通の人事制度が存在している。個別の人事領域でも，「グローバル規模で共通する詳細な人事制度がある」「グローバル規模で共通する人事制度に関する大枠の決まりがある」の2つの回答を加えると，調査対象項目となった「社員等級」「基本給制度」「ボーナスなど業績連動型報酬」「パフォーマンス・マネジメント」「人事評価制度」「行動指標」「昇進・選抜システム」「タレントマネジメント」「人材開発」「採用」のすべての項目で50%を超えた回答結果となっている。

┃ 図表序－7 ┃　人事部門の経営戦略への関与

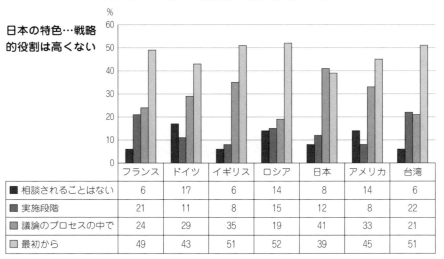

日本の特色…戦略
的役割は高くない

	フランス	ドイツ	イギリス	ロシア	日本	アメリカ	台湾
■ 相談されることはない	6	17	6	14	8	14	6
■ 実施段階	21	11	8	15	12	8	22
■ 議論のプロセスの中で	24	29	35	19	41	33	21
□ 最初から	49	43	51	52	39	45	51

出所：Cranet Survey (2011)

┃ 図表序－8 ┃　HRM戦略の存在

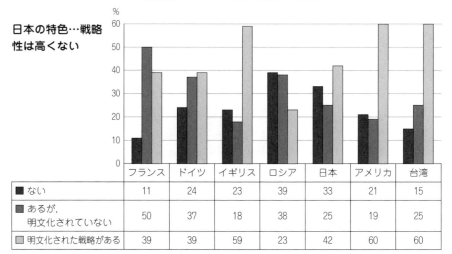

日本の特色…戦略
性は高くない

	フランス	ドイツ	イギリス	ロシア	日本	アメリカ	台湾
■ ない	11	24	23	39	33	21	15
■ あるが，明文化されていない	50	37	18	38	25	19	25
□ 明文化された戦略がある	39	39	59	23	42	60	60

出所：Cranet Survey (2011)

┃図表序－9┃　日本企業のグローバル規模の人事制度　　(%)

	2012	2013	2014	2015	2016	2017	2018	2019
制度あり	8.3	9.0	9.3	9.3	9.3	10.0	10.0	10.0

出所：東洋経済CSR企業総覧

┃図表序－10┃　海外の多国籍企業のグローバル共通の人事方針

日本の特色…国際性は非常に低い

グローバル規模で共通な人事に関する方針（ガイドライン）について，最もあてはまるものを1つ選択してください。

	企業数	％
1．グローバル共通の公式な（文書で明記された）人事に関する方針が存在する	49	45.0
2．グローバル共通の公式な（文書で明記された）人事に関する方針はないが，グローバル規模で人事に関する共通理解がある	34	31.2
3．グローバル共通の人事に関する方針は存在しない	26	23.9

以下の個別人事領域において，上級管理職対象のグローバル規模で共通の人事制度はありますか。

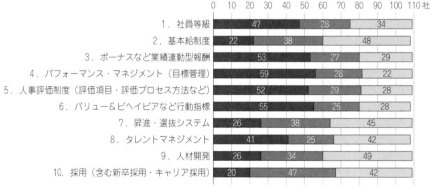

出所：須田・森田（2021）「外資系企業の人材マネジメントに関する調査」

｜図表序−11｜ グローバル統一の人事情報システム・シェアドサービス

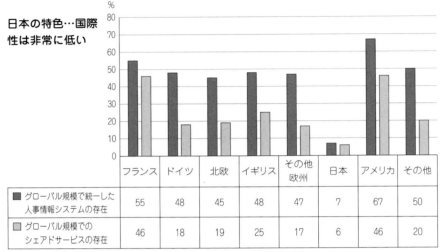

日本の特色…国際性は非常に低い

	フランス	ドイツ	北欧	イギリス	その他欧州	日本	アメリカ	その他
■ グローバル規模で統一した人事情報システムの存在	55	48	45	48	47	7	67	50
□ グローバル規模でのシェアドサービスの存在	46	18	19	25	17	6	46	20

出所：Edwards et al., (2007) "Employment Practices of MNCs in Organizational Context：A Large Scale Survey".

　グローバル統一の人事情報システムに関するシェアドサービス，国を超えた人事マネジャーのネットワークに関しても，日本だけが圧倒的にシェアドサービス，人事マネジャーネットワークの両者について，低い結果となっている。

｜図表序－12｜　国を超えた人事マネジャーのネットワーク

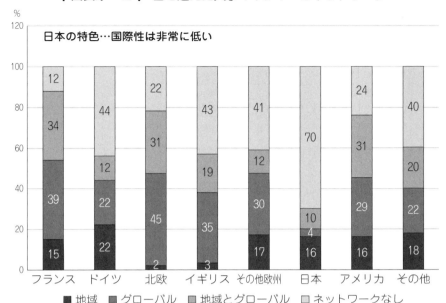

出所：Edwards et al., (2007) "Employment Practices of MNCs in Organizational Context : A Large Scale Survey".

4 ｜ 世界標準のジョブ型人事の特色

　ジョブ型人事は，しばしば欧米型人事と呼ばれることがあるが（筆者自身もかつて出版した書籍等で「欧米型」という表現もしている），世界標準の人事タイプであり，日本だけがジョブ以外の人基準で人材マネジメントを行ってきたユニークな国である。「欧米型人事」との表現は，全国データが十分に揃っているのは先進諸国だけであり，先進諸国を代表する言葉として「欧米型人事」と表現されているのである。

┃ 図表序－13 ┃　世界標準のジョブ型人事の特色

- 外部からの人材調達，職種別・職務別採用
- スペシャリストとジェネラリストの分離，早期選抜
- ジョブベースの社員等級・賃金決定（明確な職務内容・人的要件）
- 成果主義・現価主義（マーケットペイに連動する賃金決定）
- 分権的人事管理

4－1　外部労働市場からの人材調達，職種別・職務別採用

　人材調達は，内部労働市場によって調達するか，あるいは外部労働市場から調達するかの2つに分かれる（日本では出向・転籍が普及しているため，内部と外部の中間的な準内部労働市場が発達している）。ジョブ型人事では人材流動性が高く，外部労働市場からの人材調達が普及している。外部労働市場からの人材調達と補完性を有するのは，職種別・職務別採用である。必要に応じて外部労働市場からその都度人材を調達する場合には，必要な人材要件が明らかとなっているため，職種別・職務別の採用が適した採用形態となる。さらに職務別採用となれば，採用対象の人材には，当該職務を遂行するのに必要な知識・スキル・経験が求められるため，すでに当該あるいは関連する職務を経験した人が採用の主要ターゲットとなる。欧米などジョブ型人事でも新卒採用は行われているが，日本のような採用の中心ターゲットとはみなされないのが一般的だ（須田，2004，2010，2018；Tyson，2006；Ivancevich，2004）。

　新卒採用に関しては，新卒を中途採用とは別枠で採用する場合と，特に新卒採用枠を設けず中途採用と一緒に採用する場合の両方がある。新卒と中途採用の別枠採用を行うのは，大企業が中心であり，その場合も職種別採用が行われるのが一般的だ。新卒別枠採用をとっている場合の人材育成施策は，企業によって異なるが，多くの場合は採用後の2〜3年は育成期間として本配属は行わず，関連する複数の職務に短期間で仮配属しながら，育成する。この育成期間は，本社経費で計上する企業が多く，本配属後は配属部署が人件費を計上する（須田，2004，2010，2018；Tyson，2006；Ivancevich，2004）。

> **コラム**　「外部からの人材調達」といっても，
> もちろんリテンションは重要
>
> 　世界標準のジョブ型人事の特色として「外部からの人材調達」を挙げた。だが，ジョブ型人事であっても，もちろんリテンションは重要だ。組織に空きポジションができたり，新たなポジションが新設された場合に，まず行うのが社内公募（インターナル・リクルーティング）であり，社内公募で合格者が出た場合には異動によってポジションを埋める。そして，組織内部で適任者がみつからない時に，外部から採用を行う。社内で働いている社員は働きぶりも，知識・スキル・経験・行動なども把握しやすいし，自社の組織文化にあっているかどうかもわかる。内部異動のほうが，外部からの採用よりも圧倒的にリスクが低いのである。

4-2　スペシャリストとジェネラリストの分離，早期選抜

　職種別・職務別採用となると，キャリア開発は職種内での人材開発が中心となり，特定の職種で専門的な能力を習得したスペシャリストになるのが一般的なキャリア開発のやり方となる。ただし，全員がスペシャリストとなると経営は誰が行うか，という問題が生じる。そこで，一部の社員を早期に選抜して，ジェネラリスト育成を目的に幅広くローテーションを行う（須田，2010, 2018；Whitely，2007）。少数のジェネラリスト以外の数多くのスペシャリストたちにとって，企業内で職種を超えた異動を行うためには，自身で社内公募に応じて応募先の部門から採用された場合に異動するインターナル・リクルーティングと呼ばれる社内公募が職種を超えた内部異動の一般的な形態となっている（須田，2010, 2018；Whitely，2007）。

4-3　ジョブベースの社員等級・賃金決定

　職種別・職務別の採用，職種内の異動が行われれば，社員等級・賃金決定方法は，ジョブベースの社員等級・賃金決定が適したものとなる。社員等級に連動して賃金は決定されるため，まず社員等級について紹介していく。ジョブベースの社員等級の設計手順と社員個人の等級への格付けとは「⑴職務分析→⑵職務評価→⑶職務評価に基づいて等級構造の決定→⑷個人の担当ジョブの価

値を評価に基づき該当する社員等級に格付ける」である。以上のように、職務分析・職務評価を行って等級構造を決定し、社員各人の等級格付けを決定するため、社員等級はジョブに応じて決定されることになる。次いで、賃金決定である。賃金決定は「(1)個別の職務等級に対する賃金レンジを設定する→(2)各等級の賃金レベルを外部労働市場の市場賃金（マーケットペイ）を参照して決める」。(2)のマーケットペイの参照方法は、職務評価付きマーケットペイとマーケットプライシング（Market Driven Payともいう）がある。職務評価付きマーケットペイ活用は第1章で、マーケットプライシング型賃金決定は第2章で紹介する。

4-4　成果主義・現価主義

　ジョブ型人事は成果主義につながりやすい。誰が担当しても営業所長が生み出すパフォーマンス（企業に与える影響）は、営業所内の1担当者が生み出すパフォーマンスに較べれば大きく、職務はパフォーマンスを示す1つの指標となりうるのである。少なくとも、日本の多くの企業が採用してきたすべての職種に対して一律に一般的・全般的な職務遂行能力を対象とする従来の職能資格等級と比較すれば、職務とパフォーマンスの相関関係は高いといえる。日本の職能資格等級は、ローテーションと両立を目指すなどの目的のために、意図的に現在の職務・パフォーマンスと資格等級の相関関係を低めた施策であったともいえる。

　現価主義は、個人の現在価値に応じた処遇を意味する。具体的には担当ジョブに対する市場賃金（マーケットペイ）を参照して個人賃金を決定する方法をとる。近年急速に広まっているものの、日本では個人賃金決定におけるマーケットペイの考慮は、すべての規模・産業・職種で標準的な賃金決定方法までにはいたっていない。これに対して、欧米先進諸国などを中心に、団体交渉を通さず個人ベースで賃金が決定されるホワイトカラーに対しては、マーケットペイを考慮しての賃金決定が普及しており、まさに労働市場における労働者個人の現価を反映した賃金決定といえる。

4-5　分権的人事管理

　世界標準のジョブ型人事の施策面での特色について紹介してきた。これらの特色は，ライン（事業部）主導の分権的人事管理という人事機能の特色と補完性を有している。まず採用を職種別・職務別で行えば，人事部ではなく，職務内容に精通したライン主導が合理的である。その後の早い段階での人材選抜も選抜するのはラインであるため，ライン主導が適しているし，スペシャリストに対する職種内異動も，各職種内のジョブの内容やキャリアルートに精通しているのは人事部ではなくラインであるため，ライン主導に合理性がある。社員のパフォーマンスや現在価値をよく知るのも人事部ではなくラインである。実際に採用，評価，選抜，人材育成，賃金決定などすべての面で，ライン主導の決定がなされている（CRANET, 2012；Jacoby, 2005）。

　日本の人事部は，集権的人事管理下で高い戦略性・専門性がなくても，存在意義はある程度保たれるのではないかと述べた。一方，分権的人事管理は逆に，人事部門には高い戦略性・専門性が必要となるのである。

5 ｜ 本書の目的と構成

　バブル期までは，日本型人事は日本的経営の強みと捉えられていた。だが，バブル崩壊後，「失われた30年」といわれる長い経済低迷期から脱せずにいる日本。この経済低迷の大きな原因の1つが，日本型人事である。長期雇用で雇用を守っていたら，産業構造の転換も起こりにくい，イノベーションも新たなビジネスも起こりにくい。賃金停滞も問題である。だが，少し潮目が変わってきたようだ。ようやく，日本政府もリスキリングによる健全な人材移動，そしてリスキリング・人材移動と補完性を有する職務給への移行の方針を示している。

　筆者は日本の多くの課題を，ジョブ型・マーケット型人事への転換が解決してくれると信じている。本書では，本格的なジョブ型・マーケット型の実態を紹介し，日本の将来の方向性を具体的に示していきたい。ジョブ型・マーケット型人事の個別領域は，採用，評価，人材開発，社員等級，賃金など多岐にわたるが，本書では，ジョブ型・マーケット型人事の根幹の1つである社員等級

と賃金（基本給）に焦点を当てる。主たる理由は，なるべく実態を表すデータを多く紹介したいためだ。加えて，多くの人事領域を採り上げると焦点が見えにくくなることも理由である。

　社員等級・賃金決定領域におけるジョブ型・マーケット型は，「職務評価付きマーケットペイの参照」という伝統的な方法と，この20〜30年の間に普及し，少なくともアメリカのホワイトカラーでは賃金決定方法の主流となっている「マーケットプライシング型賃金決定」に大別される。第1章で「職務評価付きマーケットペイ活用」を紹介し，第2章で「マーケットプライシング型賃金決定」を紹介する。

　本書の特色は，第1章・第2章ともに豊富なデータを掲載している点にある。データを見ることによって，抽象的な議論では得られない，ジョブ型・マーケット型人事の具体的なイメージをつかんでいただけると考えている。

　本書のもう1つの目的は，日本企業でどこまでジョブ型・マーケット型人事が進展しているかを知ることである。ジョブ型人事を導入した日本企業5社の事例の紹介により，日本企業におけるジョブ型・マーケット型人事の実態に迫っていく。

　本書の構成は以下のとおりである。

第1章　世界標準のジョブ型・マーケット型人事の実態(1) 社員等級・賃金決定方法
―伝統的方法・職務評価付きマーケットペイの活用

　第1章では，英米の文献に基づき世界標準のジョブ型・マーケット型人事の社員等級と賃金決定方法（基本給）に関する設計方法を紹介する。最初に，賃金グレードは社員等級に基づいて設計されるため，最初に社員等級（職務等級）の設計方法を説明する。職務等級は「職務分析→職務評価」のプロセスに基づき設計される。社員等級の部分は，ジョブ型・マーケット型のジョブ型の部分である。次いで，賃金グレードと個人の基本給賃金決定方法を説明する。賃金グレードの設計部分はジョブ型・マーケット型のジョブ型の部分であり，個人賃金決定方法はジョブ型とマーケット型の両方の特色をもつ。マーケット型の特色は，賃金レベルの決定にマーケットペイを参照することにある。具体的な方法は「職務評価付きマーケットペイの参照」であり，これは伝統的方法と言われるものである。

第2章　世界標準のジョブ型・マーケット型人事の実態(2)　変わる賃金決定方法
　　　　—マーケットプライシングの普及でキャリア開発と賃金決定が直結する

　第2章では，過去20〜30年にかけて普及してきた「マーケットプライシング（あるいはMarket driven Pay）」型賃金決定方式の紹介である。人材流動化がよりいっそう進展している中，「職務分析→職務評価」によって組織内にあるジョブの相対的価値に基づく「職務評価付きマーケットペイの参照」では，アトラクション（採用）・リテンションに対応できなくなってきた。その結果，個々のジョブに直接マーケットペイを参照して賃金レベルを決定する「マーケットプライシング」型賃金決定が普及してきたのである。「マーケットプライシング」型賃金決定は，ジョブファミリー・サブジョブファミリー別のキャリアパスとマーケットペイを連動させる方式が多いため，マーケットプライシング賃金決定への変化によって，賃金決定とキャリア開発が直結することになる。

第3章　日本企業のジョブ型・マーケット型人事のケース
　　　　—人的要件の「見える化」が生み出す「自律型人材開発の促進」「組織と個の対等な関係」などの変化

　第3章ではジョブ型人事を導入した日立製作所・東京エレクトロン・テルモ・三菱ケミカル・三菱マテリアルの5社の事例を紹介する。ジョブ型人事を導入した企業は，すべてマーケットペイを参照しての賃金決定というジョブ型・マーケット型人事へと変化しており，強調度合いは異なるものの，人材開発の重視，さらには自律的人材開発の重視，組織と個の対等な関係を目指す，などの共通する特色がみられる。ジョブ型人事の導入が，ワークキャリアや組織と個の関係など幅広い領域での変革をもたらすことを5社の事例は語っている。
　ぜひ，ジョブ型人事の実態に触れていただければ幸いである。

‖ 参考文献 ‖

Armstrong, M. & Brown, D. (2019) *Armstrong's Handbook of Reward Management Practice*, Kogan Page.

Cascio, W. F. & Aguinis, H. (2011) *Applied Psychology in Human Resource Management (7th ed.)*, Prentice Hall.

CRANET Survey (2011) "Cranet Survey on Comparative Human Resource Management : International Executive Report 2011".

Dunlop, J. T. (1964) "The Task of Contemporary Wage Theory" in J. T. Dunlop (ed) *The Theory of Wage Determination*, Macmillan.

Dore, R. (1989) "Where We Are Now : Musing of an Evolutionist", *Work, Employment & Society*, Vol. 3, No. 4.

Edwards, P., Edwards, T., Ferner, A., Marginson, P., Tregaskis, O., Adam, D. & Meyer, M. (2007) "Employment Practices of MNCs in Organizational Context : A Large Scale Survey".

Elliot, R, F. (1991) *Labour Economics : A Comprehensive Text*, McGraw-Hill.

Newman, J. M. & Gerhart, B. (2020) *Compensation (13th ed.)*, McGraw-Hill.

Ivanceivh, J. M. (2004) *Human Resource Management (9th ed.)*, Irwin.

Jacoby, S. (2005) *The Embedded Corporation : Corporate Governance and Employment Relations in Japan and the United States*, Princeton University Press.

Storey, J., Edwards, P. & Sisson, K. (1997) *Managers in the Making : Careers, Development and Control in Corporate Britain and Japan*, SAGE Publications.

Williamson, O, E. (1985) *The Economic Institutions of Capitalism : Firms, Markets, Relations and Contracting*, Free Press.

Whitley, R. (2007) *Business Systems and Organizational Capabilities : The Institutional Structuring of Competitive Competence*, Oxford University Press.

小池和男（1993）『アメリカのホワイトカラー：日米どちらがより実力主義か』東洋経済新報社

小池和男（1994）『日本の雇用システム：その普遍性と強み』東洋経済新報社

小池和男（1999）『仕事の経済学（第 2 版）』東洋経済新報社

日本経済新聞（2023）「新しい資本主義改定案：リスキリング後押し・転職しやすい環境整備」（2023年 6 月 7 日朝刊 5 頁）

パーソル総合研究所（2022）「グローバル就業実態・成長調査」

濱口桂一郎（2009）『新しい労働社会：雇用システムの再構築へ』岩波新書

須田敏子（2004）『日本型賃金制度の行方：日英の比較で探る職務・人・市場』慶應義塾大学出版会

須田敏子（2010）『戦略人事論：競争優位の人材マネジメント』日本経済新聞出版社

須田敏子（2018）『組織行動：理論と実践』NTT出版

須田敏子・森田充（2021）「外資系企業の人材マネジメントに関する調査」

須田敏子・森田充（2022）『持続的成長をもたらす戦略人事：人的資本の構築とサステナビリティ経営の実現』経団連出版

Strategy &（2019）「2018年CEO承継調査」https://www.strategyand.pwc.com/jp/ja/publications/2018_ceo-data-media-release-jp.pdf

東洋経済（2012〜2019）「東洋経済CSR企業総覧」

| 第 1 章 |

世界標準のジョブ型・マーケット型人事の実態⑴
社員等級・賃金決定方法

―伝統的方法・職務評価付きマーケットペイの活用―

---

1 「職務分析→職務評価→社員等級（職務等級）構造の設計→
社員個人の等級格付け」のジョブ型社員等級の全体フロー

　本書ではジョブ型人事のさまざまな側面の中で，社員等級（職務等級）と賃金決定（職務給）に焦点を当てて紹介する。職務給は社員等級に基づいて決定するため，まず社員等級について，等級構造の設計から社員個人の等級格付けまでの全体像をみていく。

　職務等級の設定は，職務分析からスタートする。職務分析とは，個人が担当するジョブの内容に関する情報を収集して，個々のジョブ内容に関する詳細情報（ジョブディスクリプション）とジョブ遂行のために必要な知識・スキル・経験・行動などの人的要件（パーソンスペシフィケーション）を特定するプロセスを指す（パーソンスペシフィケーションをジョブディスクリプションに含める場合もある）。職務分析の結果，組織内にあるさまざまなジョブの内容や人的要件が明らかとなったら，ジョブ間の相対的な価値（重要度・影響度・難易度など）を評価する。これを職務評価という。職務評価の結果，ジョブ間の組織内での相対的な価値（重要度・影響度・難易度など）が明らかとなるため，重要度などの高い（あるいは低い）順に並べられ，等級構造が作られる。そして最後が職務等級の個別等級に対応したジョブを担当する社員を格付ける。これがジョブ型の社員等級までの全体的な流れである。

コ　ラ　ム	HRの授業で学ぶのは「職務評価（job evaluation）と人事評価（performance evaluation）は別」ということ

　日本以外の国で普及しているのはジョブ型人事であるため，「人事＝ジョブ型人事」となる。そんなジョブ型人事の国であるイギリスの大学院で筆者はHRについて学んだ。授業で学んだことの1つが「職務評価」（job evaluation）と人事評価（performance evaluation）を混同してはならないということ。担当教授は「これが人事の基本中の基本だ」と強調していた。

注）人事評価あるいは人事考課を表す英語には，Appraisal，Performance Evaluation，Performance Reviewなどがある。近年は，実務家の間ではPerformance Managementの一環として実施するPerformance Reviewが一般化している。

---

2 ｜ 職務分析

2-1　職務分析のレベルとレベル別情報収集の内容

　ジョブ型社員等級（職務等級）の全体的なフローを紹介したところで，全体フローに沿って個別プロセスをみていく。職務等級の設計は職務分析から始まる。職務分析で収集するジョブ情報をレベル分けすると，以下の3つに分けられる（**図表1-1**）。

（1）　ジョブファミリー・サブジョブファミリー

　　ジョブファミリーはセールス，エンジニアリング，ヒューマンリソースなど類似したジョブのグループ。サブジョブファミリーはジョブファミリー内でも類似性の高いジョブのグループ。サブジョブファミリーの例としては，セールス・ジョブファミリーを直販セールス，代理店経由のセールス，長期契約の特定顧客を担当するアカウントセールス，セールスサポートなどに分ける，などがある

（2）　1人の社員によって実行されるジョブに関するタイトル，所属部門，職責，タスクのグループなどの情報

│図表１－１│　職務分析の３つのレベル

> **ジョブファミリー**
> 　類似するジョブのグループ（セールス，エンジニアリング，ヒューマンリソースなど）
> **サブジョブファミリー**
> 　１つのジョブファミリーをさらに類似性の高いジョブグループに分ける（セールスを直販，代理店販売，長期契約の特定顧客を担当するアカウントセールス，セールサポートなどに分けるなど）
>
> > **ジョブ**
> > 　１人の人によって実行されるタスクのグループ
> >
> > > **タスク**
> > > 　職務分析の最小単位。特定の人が実行する特定の内容　（電話応答など）。類似したタスクはタスクディメンションとしてグルーピングできる（顧客に正確な情報を提供するなど）。

出所：Newman, J. M., Gerhart, B. & Milkovich, G. T. (2014) *Compensation (12th ed.)*, McGraw-Hill；Newman, J. M.,& Gerhart, B. (2020) *Compensation (13th ed.)*, McGraw-Hill. を基に一部修正

(3)　電話対応，顧客への正確な情報提供に対して責任をもつなど，１人の社員が実行しているジョブの最小分析単位あるタスク

　さらに(3)タスクに関しては，①ジョブ内容に関する情報と②ジョブの遂行に要求される人的要件の２つに分かれる。①ジョブ内容に関する情報は，タスク，行動，行動実行に際して発生する問題，パフォーマンス基準，職務遂行に対する重要事項，ジョブ遂行に対する相反する要求，就労条件，役割（交渉する，リーダーシップをとる，チームメンバーをモニターするなど）などで，②ジョブ遂行に要求される人的要件は，専門的・技術的知識，マニュアルスキル，オーラルコミュニケーションスキル，文書作成スキル，定量分析スキル，メカニカルスキル，コンセプチュアルスキル，マネジリアルスキル，リーダーシップスキル，人間関係スキルなど。加えて，学歴レベルや関連職務の経験年数などがある。

　以上のように，タスク情報の収集は，①ジョブに関する情報，②ジョブの遂行のために要求される人的要件，の２つに分かれるために，職務分析の結果も，ジョブディスクリプション（職務記述書）とパーソンスペシフィケーション

（ジョブ遂行に要求される人的要件）の2つが抽出される。その結果，本書で紹介する情報収集方法も，タスク情報を中心に収集する方法と，人的要件を中心に収集する方法に分かれる。

　なお，ジョブディスクリプションにパーソンスペシフィケーションを含める場合もある。第3章で紹介する日本のジョブ型人事の事例企業もこれに当たり，ジョブディスクリプションにパーソンスペシフィケーションを含めている。

　ジョブに関して注意しなくてはならないのは，ジョブの内容は常に変化するということだ。経営環境が激しく変化する現在，経営戦略も激しく変化しているため，個々のジョブの内容の変化もいっそう激しくなっている。職務分析を行って，ジョブディスクリプションやパーソンスペシフィケーションを作っても，ジョブの内容変化に応じて迅速に見直すことが必要となる。また，ジョブの内容は担当者によっても変化する。採用や配置の段階では同じジョブ内容であっても，ジョブの担当者にジョブの幅が広がる場合もあるし，スキルや知識の習得度合いが高くて，それに応じて裁量権が広がる，責任が重くなるなど担当者によってジョブ内容は変化することを忘れてはならない。

2-2　ジョブ情報収集の具体的方法

　職務分析における情報集方法には，ジョブの内容に関するタスク情報を中心に収集する方法と，ジョブの遂行に要求される人的要件を中心に情報を収集する方法がある。それぞれの情報収集方法についてタスク中心かパーソン中心かを記載する。

⑴　直接観察

　ジョブの遂行を直接観察して情報を収集する方法。タスク中心の情報収集方法で，定型的な内容でしかも短期サイクルでジョブが完了する仕事に適している。非定型的でジョブの内容が多様だったり，サイクルが長かったりする場合には，観察期間に重要な行動が入らない場合があるため不向きである。また，目で観察できない精神的な部分の多いジョブも直接観察には向かない。そのため，マネジャーなど知的な職務内容が多い仕事は直接観察には向かない。直接観察で必要なことは，仕事で必要な典型的な行動がサンプルに入るということだ。

⑵　自己記述・ダイアリー

　担当者本人が実際に自分の行ったジョブ行動を 1 時間単位，半日単位などある決まった時間単位で記載していくもの。記載方法はある行動を行い，次の別の行動に移ったらその度ごとに記載するのが基本となっている。また，長期間にわたって同じ活動を継続して行っている場合には，その旨を記載する。決められたシートにそって活動を記載していく方法とともに，典型的な 1 日の活動内容をメモにとっておき，後に口頭で報告するという場合もある。タスク情報中心の収集方法で，精神的な内容が多いジョブには向かない。精神的な動きは記載したりすることは難しいし，同時に多くのことを考える場合もあるので，書きとめておくことは不可能となる。直接観察と同様に定型的で短期サイクルのジョブに適している。

⑶　質問票

　質問票による情報収集には，あらかじめ設定した質問項目に答えていくという方式，あるいは文章で自由回答していく方法などがある。1 つの質問用紙に選択式の質問と自由回答の両方を入れる場合もあるため，この 2 つの方法は 2 者択一というよりも連続的な関係となる。また，選択式の質問票を開発するために自由回答式の質問票を先立って行うという場合もある。こういった場合には，比較的少数の人を対象に自由回答形式の質問票を実施し，その後に多数の人に対して選択式の質問票を実施することとなる。

　一般的に質問票は他の情報収集方法に比べると，安くて速くできる方法である。そのため，多くの社員を対象に実施することが可能となるため，この面では有効な情報収集方法といえる。もっとも数多くの社員を対象とすればそのぶんコストがかかる。また，質問項目への回答方式の場合は，すでに質問項目が開発されている必要があるため，ジョブ内容と人的要件に関する情報がすでに収集されていることが前提となり，情報を十分に収集しない段階で質問項目を設定することは，絶対に避けなくてはならない。質問される人の判断が入るような内容も質問票には適さない。

　以上のような問題を考えると，インタビューなど他の情報収集方法と組み合わせることが重要となる。さらに，細かい内容や複雑な内容は収集が難しいため，質問票に適しているのは，定型的で精神的な側面を多く含まないジョブと

なり，収集する情報タイプもタスク中心のほうが向いている。このことは，インタビューなどで十分な情報が収集されていない場合に，重要となる。

⑷　インタビュー

　インタビューは職務分析の情報収集方法として広範に用いられているもので，最も典型的な情報収集方法といってもいいだろう。インタビューはその具体的な進め方によってタスク中心の情報も，パーソン中心の情報も収集できる。また，定型的なジョブも非定型的で精神的な活動の多いジョブのいずれも，短期サイクルのジョブも長期サイクルのジョブもインタビューの方法次第で収集できる。

　インタビューの方法としては大きく分けると以下の4つに分かれる。
- **構造化インタビュー**：質問はあらかじめ用意された質問項目に沿って行われる
- **半構造化インタビュー**：質問はあらかじめ設定されているが，インタビューの状況に応じて質問の順番を変えたり，当初は質問項目に入っていなかった項目を入れたりとインタビューの状況に柔軟に対応してインタビューを行っていく。目的にあった質問をすることは不可欠だが，当初想定していなかった回答が得られて，その回答に対応して質問項目を変えていくことにより，インタビューの質を向上できる場合があるので，半構造化インタビューは構造化インタビューよりも柔軟性・適応性を増すことができる。
- **非構造化インタビュー**：質問項目をあらかじめ用意することはなく，インタビューされる人の状況に対応してインタビューを行っていく。この場合も職務分析のための情報収集との目的を理解して，目的にあった質問を行っていくことが必要となる。
- **グループインタビュー**：グループを対象にインタビューを行う。グループインタビューも個人と同様に構造化インタビュー，半構造化インタビュー，非構造化インタビューの3つに分かれる。個人インタビューと違う点としては，グループインタビューの目的の1つとしてインタビュー参加者相互の意見交換によって参加者がお互いを刺激して，インタビューの質を上げることがあるため，半構造化インタビューあるいは非構造化インタビューを用いることが多くなる。

　ジョブに関する情報収集の初期段階で，ジョブ情報が収集されていない場合には，非構造化インタビューを用い，すでに多くのジョブ情報が収集されてさらに多くの関係者から情報を収集したい場合には，すでに収集されている情報を基に質問項目を設定して半構造化インタビューを実施するといった具合に，3つのタイプのインタビューを組み合わせて実施することが一般的に行われる。

➤ジョブの内容と職務遂行に要求される人的要件に関する情報収集の具体例(1)

● 選択肢回答方式の質問票による情報収集例：エンジニアのコミュニケーションに関する情報収集内容
(a)　質問票の回答者
　　担当者本人や上司など職務の関係者
(b)　質問内容
　　エンジニアのコミュニケーションに関して収集する情報は，⑴タスク関連情報，⑵行動関連情報，の2つに大別される。
⑴　タスク関連情報は，（1-1）技術情報収集に関するタスク，（1-2）技術情報交換に関するタスク，の2つに分かれる。
⑵　行動関連情報は，（2-1）オーラルコミュニケーションと，（2-2）文書によるコミュニケーションに分かれる。

⑴　コミュニケーションに関するタスク関連情報
　　以下の421〜432の質問項目について，①非常に低い，②平均よりかなり低い，③平均以下，④平均よりやや低い，⑤平均，⑥平均よりやや高い，⑦平均以上，⑧平均よりかなり高い，⑨非常に高い，の9段階で，該当職務が該当するナンバーを選択する。
（1-1）　技術情報収集のためのタスク
　421．競合製品に関する技術情報を収集する
　422．産業の現状把握のために技術情報を収集する
　423．ジョブ関連のトレーニングコースやセミナーに参加する
　424．オペレーティングシステムやプログラムに関する知識習得と知識レベルの維持のための勉強を行う
　425．製品開発に必要な文献調査を行う
　426．担当プロジェクトに対するソフトウエアシステムの最近動向の把握のた

めにソフトウエアグループメンバーとコミュニケーションをとる

427. 競争力維持あるいは業界をリードするために最新技術を習得する

428. 産業標準化ミーティングへ出席する

（1-2） 技術情報交換に関するタスク

429. 決定方法で実際にソフトウエアがデザインされているかの確認のためコード内容をチェックする

430. アイデアや技術に関して同僚と意見交換する

431. 新技術や新たなアイデア創出を目指して別部門の技術者と意見交換する

432. ソフトウエア・デザインやコースウエアコンテンツ確認のためにサポート組織などとコンタクトをもつ

⑵ コミュニケーションに関する行動関連情報

以下の99〜107の質問について，N＝ジョブに関連がない，1＝重要度は非常に低い，2＝重要度は低い，3＝重要度は平均的，4＝重要度は高い，5＝重要度は非常に高い，の6つ選択肢から該当職務が該当する項目を選択する。

（2-1） オーラルコミュニケーション

99. 法的・財務的・科学的・技術的・精神的などの問題解決のためのアドバイスを行う

100. 問題解決を目指して多方面の関係者と交渉する

101. 組織内の人間関係や政治的状況への対応などのため，関係者を説得する

102. 公式・非公式に関係者に知識やスキルを教える

103. 職務遂行のため関係者から情報収集する

104. ジョブに関するルーティーン，ノン・ルーティーンな情報交換を行う

105. 関係者に対するスピーチやプレゼンテーションを行う

（2-2） 文書によるコミュニケーション

107. 手紙・レポートなどのライティングを行う

出所：Newman, J. M., Gerhart, B. & Milkovich, G. T. (2014) *Compensation (12th ed.)*, Mc-Graw-Hill；Newman, J. M. & Gerhart, B. (2020) *Compensation (13th ed.)*, McGraw-Hill. を基に作成

➤ 職務内容と職務遂行に要求される人的要件に関する情報収集の具体例⑵

Professional Administrative Job Analysis Templates

1．ジョブアナリシス対象者（回答者）氏名：＿＿＿＿＿＿＿＿＿＿＿＿
2．所在地：＿＿＿＿＿＿＿＿＿＿＿＿＿＿＿＿＿＿＿＿＿＿＿＿＿＿
3．ジョブタイトル：＿＿＿＿＿＿＿＿＿＿＿＿＿＿＿＿＿＿＿＿＿＿
4．現ポジションについている期間（年）：＿＿＿＿＿＿（月）：＿＿＿＿＿
5．現企業での勤続年数（年）：＿＿＿＿＿＿＿（月）：＿＿＿＿＿＿

　本手続きは，プロフェッショナル職にとって最も重要な職務内容とコンピテンシーを特定するためにデザインされています。本テンプレートから得られる情報は，本ポジションに対する選抜アセスメントに活用されます。
　テンプレートは2つからなります。テンプレート1は，記載されている活動が，対象ジョブにとって重要であるか，あるいは重要でないかを知るためのリストからなる。あなたのジョブにとって記載されている活動の重要度合いをレーティングしてください。テンプレート2は，コンピテンシーに対する記述からなります。本テンプレートでは，あなたのジョブの成功にとって必要なコンピテンシーは何かを特定することにあります。
　以下のキーポイントに注意してテンプレートに回答してください。
1．レーティングは，理想的にはこうすべきだではなく，実際に実行されていることに基づいて行ってください。
2．他の人に尋ねずに，レーティングはあなた自身の判断に基づいて行ってください。どんな判断をしようとも，それはあなた自身の判断であって，別の人の判断ではありません。
3．正直に，あるいは正確にレーティングできない場合には，空欄のままにしてください。

重要度に関するレーティング：仕事の活動（Work Activities）
　本セッションでは，あなたのジョブにとってそれぞれの活動の重要度合いをレーティングしてください。各ステートメントに対して，以下の2つのステップがあります。

1．各活動があなたのジョブに含まれますかを考えてください。含まれなかったら，"0"とレーティングしてください。

2．活動があなたのジョブに含まれていたら，あなたのジョブを完全に効果的に遂行するためにどの程度重要かを考えてください。

　あなたの判断に以下のスケールを使ってください。

0．このレーティングは，あなたのジョブの中で決して行わない活動を示します。

1．このレーティングは，あなたのジョブを遂行するために他の活動に比べると非常に重要度が低い活動を示します。すべての活動を考えて，最も優先度あるいは重要度が低いものです。

2．このレーティングは，他の活動に比較して比較的重要度の低い活動を示します。

3．このレーティングは，完全に効果的にジョブを遂行するために他の活動と比較して，同じくらいの重要度を示します。すべての活動の中で平均的な優先度です。

4．このレーティングは，完全に効果的にジョブを遂行するために非常に重要な活動を示します。他のほとんどの活動よりも重要度あるいは優先度が高いものです。

5．このレーティングは，数少ない最も重要な活動の1つです。ジョブの最も重要な側面の1つです。

テンプレート1　Professional Administrative Importance Ratings：Work Activities（一部抜粋）

Process Written Materials

1．スペルミス，正確性，文法，フォーマット，丁寧さなど資料のチェック
2．方法，手続き，ポリシーなどに関して特定の知識を必要とする対応策の構築
3．さまざまな情報に基づき手紙，メモ，文書などの作成
4．法的に必要となる書類や契約などの最終ドラフトの作成
5．最終決裁のための文書の作成

Files and Retrieve Material

6．特定課題についてマニュアル，ファイル，レコード，あるいは他の情報の探索
7．カタログ活用，コンピュータシステム，あるいはファイス削除を通じての

　　資料のアップデート
8．ファイルからレコード・情報を更新し，他者にまわす

Compute, Verify, Record
9．プロジェクトあるいはビジネス活動の状況をモニターするためのチェック
　　リスト，ロゴ，ワークシートあるいは他の記録のメインテナンス
10．オリジナルの文書やフォーマットあるいは他の基準と比較して書式や記録
　　の正確性・完成性の確認
11．平均値，中央値，パーセンテージ，比率などの統計値の計算
12．バランスシートなどで要求される利子，調整，返金，税金の特定

Analyze, Interpret, Report
13．プレゼン準備のために要求されるさまざまな情報探索に基づくレポート作
　　成
14．要求される情報の評価あるいは財務レポートの作成
15．プログラム，レポート，特定オペレーション事項などの分析あるいはサマ
　　リー作成
16．図表，チャートと，財務データやオペレーションデータなど数的データの
　　サマリー作成
17．仕事の活動や取引の事項あるいは完遂に必要なデータ，レコードなどの情
　　報の取得

Keep Books
18．会計書類や出納帳の正確性，完結性，手続きに則っているかのレビュー
19．債務，債券，コストなど簿記に関する正確性
20．金融ジャーナル，元帳，他の金融記録の追加記入
21．支払いインボイスの確認
22．会計情報のレビューによって会計問題解決のアシスト

Communicate
23．組織内配付文書や資料の選択，収集，アレンジ
24．ミーティングやパーティなどのためにやってきた社員や外部訪問者に対す
　　る対応のアシスト
25．比較する背景や知識に関するテクニカルレポートの作成
26．当該事項に知識の少ない人に対する技術レポートの作成

27. スタッフに対して定期的な企業ニュースレターの作成と配付

Supervise

28. 他者によって執行される任務に関する計画と調整
29. 社員間の不一致や問題解決のための仲裁
30. ワークロード，仕事の優先度，個人能力に基づいて仕事をアサインする
31. 社員の行動を観察・モニターして社員のトレーニング効果を評価する
32. ジョブと組織の期待・要求を明確にして，部下に対してパフォーマンスゴールと基準を提示し，話し合う
33. プロジェクト目的，方法あるいはプロジェクトエリアと部下の興味，スキル，人材開発ニーズに基づきプロジェクトに部下たちをアサインする
34. キャリア開発機会，トレーニングニーズ，個人の開発プランについて部下と話し合う

Plan, Organize, Schedule, Coordinate

35. 部下に特定任務をアサインし，アサインされた任務を遂行できるように彼らを導く
36. 書式，記録，レポート完成期限の設定
37. 仕事のやり方，目標，進捗，期待される変化を部下に伝える
38. 部下の活動を標準化するために部門・仕事の実施方法・手続きに関するマニュアルの開発とアップデート
39. 効果的な時間と資源活用のために決めなくてはならない活動とアサインメントの調整

Perform Administrative Functions

40. 上司のスケジュールの記録とメンテナンス
41. 他部門との協力・調整によって文書ミスや文書喪失の理由を追及する
42. さまざまな情報が要求されるレポートの作成とプレゼン

　重要度に関するレーティング：コンピテンシー
　個々のジョブの要求について重要度をレーティングしてください。重要度の判断は，仕事を完全に効果的に遂行するために，当該知識，スキルあるいは能力が必要かを基に行ってください。ここの要求に関するステートメントに対して，以下の２つのステップを取ってください。

1．特定されたコンピテンシー（知識，スキル，能力）が，あなたのジョブの効果的遂行のために必要かを考えてください。必要でなかったら，"0"とレーティングしてください。
2．特定されたコンピテンシーがジョブの遂行に必要だったら，あなたのジョブを完全に効果的に遂行するためにどの程度重要かを考えてください。

　あなたの判断に以下のスケールを使ってください。
0．このレーティングは，あなたのジョブで全く必要のないコンピテンシーを示します。
1．このレーティングは，効果的なパフォーマンスのために，ジョブのマイナーパートで，あるいは時々重要となることを示します。ジョブ遂行に不可欠ではなく，いくつかのマイナーパートを遂行するのに時々必要となるコンピテンシーを示します。
2．このレーティングは，ジョブのいくつかのマイナーパートに有効だが，ジョブの主要な要求に対して成功するには重要ではないコンピテンシーを示します。
3．このレーティングは，ジョブの成功のために適度に重要なコンピテンシーを示します。
4．このレーティングは，ジョブの成功のために非常に重要なコンピテンシーを示します。
5．このレーティングは，ジョブの成功のために不可欠なコンピテンシーを示します。

（テンプレート2）　Professional Administrative Importance Ratings：Competencies（一部抜粋）

Analyze and Evaluate
1．特定の仮説とリサーチの問題に関連する情報提供のためのリサーチデザインと統計戦略と構築する能力
2．利益と損失，投資に対するリターンに対する情報を開発するための財務データを活用する能力
3．重要な新情報が出現した時には，それ以前に決定した課題解決方法を見直す能力

4．計画された介入への対応のため必要となる自身の行動変化をアセスメントする能力
5．結論に達し，提案を形成するためにさまざまな情報源からデータを構築し，評価する能力

Research and Investigate
6．対立する主張や問題を構成する事実を特定する能力
7．収集すべき問題の状況に関する追加情報を認識する能力
8．データの分析，解釈，評価に関して多岐にわたる視点をもつ能力

Apply Legal and Regulatory Knowledge
9．権利，秘密，プライバシーを犯すと解釈される可能性があり，合法性に問題があるインタビューや追及に対する知識
10．アサインされた専門領域に関する合衆国・州レベルの規制・法律に関する知識

Access and Use Computer Systems and Resources
11．データベース，アカウンティング，ワードプロセッシングなどの必要なコンピュータ・タプログラムに関する知識
12．種々のデータベース，オンライン・ソース，にアクセスし，情報を収集する能力

Plan, Organize, Schedule, Coordinate
13．複数の活動やプロジェクトに対応しなければならない時に優先順位をつける能力
14．活動やプロジェクトを完遂するために必要なマンパワー，物資，その他リソースを計算する能力
15．プロジェクトや活動を完遂するために必要なパートあるいはステップをどのように連続させるかの決定能力
16．計画，実施，プロジェクトコントロールに対するキーとなるポイントの特定能力
17．戦略的意思決定を行う時，重要要因を特定し，ウエイトづけする知識

Supervise
18．仕事のアサインと活動実施時の個人的な感覚を理解する能力

19. 組織からの要求条件について部下のパフォーマンス評価能力
20. 監督行動やスタイルに影響を与える文脈的制約や条件の認識能力
21. 部下のパフォーマンスを評価し，コメントする能力
22. 部下のパフォーマンスについて強み・弱みを特定し，人材育成計画を確立する能力
23. 公正で一貫したやり方で個人ルールを適用させる能力
24. 履歴書や応募書類のレビューやインタビューを通じて，応募者のジョブに関するスキルトバックグラウンドを評価する能力
25. 人員配置あるいはジョブのアサインメントのために個人の強みと弱みを評価する能力

Manage Operations
26. 急激に発生する事項や変化する条件・環境に活動のペースを適応させ，重要なマネジメント要求を満たす能力
27. マネジメントコントロールを維持し，望ましい結果を達成するために進行するオペレーションあるいはプロジェクトの要求条件を特定し，優先順位をつける能力
28. 活動を維持するために代替的な手続きを特定し，率先するための活動フローに対する障害を特定する能力

Communicate Verbally and in Writing
29. 情報収集するための質問の流れをつくる，あるいはインタビューや非公式会話の内容を特定する能力
30. 偽りのあるいは無関係な内容と，本物のあるいは関連する情報を見分けるスキル
31. 聴衆の関心に合わせたプレゼンをデザインし，聴衆の理解レベルを特定する能力
32. レポートについて質の高いロジックを用いて，明確で，正確で，サポートを受ける議論がなされているかを判断する能力
33. 専門ジャーナル，法に関する出版物を理解し，それらを仕事のコンセプト，ポリシー，手続きに応用する能力

Manage Personal/Interpersonal Relations
34. ビジネスでは個人的な好き嫌いではなく，望ましい結果にフォーカスする能力

35．他者と関係において信頼を獲得し，維持する能力
36．他者に対して感情的に敵視するのではなく，正当な批判を行う能力

Make Choices and Solve Problems
37．問題を早期に発見し，問題が拡大する前に迅速に対応する能力
38．問題の原因と結果を識別する能力
39．問題解決に必要な追加情報を特定する能力
40．問題あるいは状況を知るために収集すべき追加状況を特定する能力

Adapt to Work and Organization Requirements
41．組織ユニット，主要マネジメントポジションとそれ以外のポジションと機能に対する関係性，相互性と依存性に関する知識
42．企業のオペレーション，プラン，問題，ビジネス，専門領域について他の組織とのディスカッションに関するスタンダードに関する知識
43．服装，会話，清潔，出席，態度直に関する組織のスタンダードに関する知識

出所：Prien, E. P., Goodstein, L. D., Goodstein, J. & Gamble, Jr., L. G. (2009) *A Practical Guide to Job Analysis*, Pfeiffer. を基に作成

2-3　ジョブ情報の収集結果─ジョブディスクリプションとパーソンスペシフィケーションの内容と具体例

　以上のさまざまな方法を用いてジョブの内容とジョブの遂行に要求される人的要件に関する情報を収集する。その結果，各ジョブに対してジョブの内容を定義するジョブディスクリプションとジョブの遂行に必要な人的要件を特定するパーソンスペシフィケーションが特定される。ジョブディスクリプションとパーソンスペシフィケーションが含む内容は以下のとおり。

- ジョブディスクリプション
  （以下は英文テキストでの内容。日本では異なる場合もある）
    - ジョブタイトル
    - 職責（責任範囲・レベル，部下を監督する内容・範囲などを含む）
    - 職務に含まれる主要なタスク
    - 組織階層（レポート構造）
    - 報酬条件（賃金その他の金銭的報酬条件）
    - 職務環境（所属する部門・グループ，職務遂行に必要な他者との関係などを含む）
    - 勤務地
- パーソンスペシフィケーション（ジョブの遂行に要求される人的要件）
  　ジョブディスクリプションに記載した職責やタスクを遂行するために人に要求される経験・知識・スキル・行動などを特定したもの。必要な資格や学歴レベルなども含まれる。

出所：Cassio, W. F. (1998) *Applied Psychology in Human Resource Management (5th ed.)*, Prentice Hall.を基に作成

コラム　ジョブ型人事はヒト型人事

　本書で紹介している職務分析におけるジョブ情報の収集に関する具体的方法と，情報収集と結果としてのジョブディスクリプションとパーソンスペシフィケーションの具体例からよくわかることは，ジョブ型人事では，ジョブの内容とともにジョブ遂行に求められる知識・スキル・経験・行動などの人的要件が具体的に抽出される。このように，ジョブ型人事に人的要件の具体化は不可欠であり，ジョブ型人事とはヒト型人事なのである。序章の「『職務基準＝ジョブ型』だが，『人基準＝メンバーシップ型』ではない」で示したように，ジョブ型人事は究極のヒト型人事なのだ。このジョブ型人事における人的要件の「見える化」は非常に重要なジョブ型人事の特色となっている。

➤ジョブディスクリプションとパーソンスペシフィケーションの例(1)

Whole Foods Marketのデリ・チームメンバーのジョブディスクリプションとパーソンスペシフィケーション

● ジョブディスクリプション
- 卓越した顧客サービスを提供する
- 健康と衛生に関するすべての規定を守る
- サンドイッチ，肉とチーズのスライスデリを準備する
- デリ商品や紙製品をタイムリーに調達，貯蔵，配付し，すべての必要な道具をストックする
- ストックしているすべての製品の鮮度を保つために，日付をチェックする
- 決められた手順に従い，くずシートを活用する
- すべての器具を安全で適切な方法で活用し，清潔にする
- Whole Foods Market Safety ProceduresとWeights and Measures Proceduresに従う
- 適切なエチケットで迅速に電話やメールなどに対応する
- ナイフ，スライス器，廃棄物圧縮機，梱包機（18歳以上），その他調理と洗浄に使うすべての機器を適切に使用する
- アサインされた他のすべての職責を遂行し，タイムリーに上司のリクエストに従う

● パーソンスペシフィケーション
- ある程度のデリ経験が望ましい
- 明確で効果的なコミュニケート力
- 忍耐強く，同時に楽しみながら仕事を行う能力
- ジョブ遂行のための身体的要求を実行する能力
- ナイフ，スライス器，廃棄物圧縮機，梱包機（18歳以上），その他調理と洗浄に使うすべての機器を適切に使用する能力
- チームとして他者と協調して働く能力
- すべての関連するWhole Foods Marketのポリシーとスタンダードに関する知識
- 顧客を理解し，適切に顧客とコミュニケートする

出所：Newman, J, M., Gerhart, B. & Milkovich, G, T. (2014) *Compensation (12th ed.)*, McGraw-Hill；Newman, J, M. & Gerhart, B. (2020) *Compensation (13th ed.)*, McGraw-Hill. を基に作成

➤ジョブディスクリプションとパーソンスペシフィケーションの例⑵

Executive Secretaryのジョブディスクリプションとパーソンスペシフィケーション
●サマリー
　副社長の全般的監督のもとに働く。本ポジションにある個人は，データを入力して資料を作成し，資料をファイルして保管し，秘書業務を遂行し，受付業務を行い，郵便物の送付や受取りを行い，ビジネスデータを分析，解釈，レポートし，それ以外のアサインされた任務を実行する

●職務責任
　1．書面資料の作成と社内外から来た書面資料への対応
　　　書面やディクテーションによって得たデータの入力，決められた手続きに基づいて社長がサインをする手紙やメモその他のドキュメントの作成，様々な方面・方法によって提供されたデータに基づき図表やチャートなどの作成
　2．資料のファイルと保管
　　　資料のアップデートあるいは資料の現状の確認，書式フォーマットの作成，書類の記録，文書での通信，その他の会社で決められた基準・やり方に基づくファイリング，マニュアル作成，特定の事柄に関する情報に関する記録，ファイル類の整理
　3．管理業務の遂行
　　　副社長あるいは他の部門長に対して，ミーティング，スケジュール，特定任務，突発事態に関する通知あるいはリマインド，ミーティングや他のイベントのスケジューリング，資料ミスがないかの確認，部門メンバーに対する出張準備とミーティングのアレンジ
　4．受付業務の遂行
　　　副社長に対する電話・メールなどでの対応，訪問客の副社長オフィスへの誘導などの対応，対面あるいは電話で質問への回答あるいは情報提供
　5．郵便物とそれ以外の調達物の受取りと送付
　　　夜間便や登録郵送物などの特別メールサービスに関連したフォームの証明，登録，保証，完了，配送業者を通じた秘密ドキュメントの準備，他の社員に対する告知，メモ，レポート等の書類の送付
　6．ビジネスデータの分析，解釈，レポート

　　　部門の決められた手続きに従い，手元にある情報に基づきレポートの準備，
　　　プログラム，レポート，特定のアイテムあるいは他のデータの分析あるい
　　　は要約の準備
　7．上記以外のアサインされた職責の遂行

● コンピテンシー要件
　1．コミュニケーションスキル
　　　口頭と文書による情報の整理と伝達能力
　2．ワーク・オーガニゼーションスキル
　　　アサインされた仕事をスケジュールどおりに優先順位をつけて遂行する能力
　3．スケジューリング・コーデネーションスキル
　　　アレンジメント，スケジューリング，コーディネーションするスキル
　4．文書プロセッシング
　　　データ入力と校正に関するスキル，種々のドキュメントに対する適切な
　　　フォーマットの知識
　5．秘書としてのリサーチとエバリュエーションスキル
　　　資料の収集・整理する知識とミスの原因を特定する知識
　6．仕事と組織への適応
　　　業務遂行のペースを調整し，仕事と組織あるいは他の社員との関係や状況
　　　を特定し，適応する能力

● ミニマム・クオリフィケーション（最低限必要な資格）
　　認定された機関で秘書に関する2年間のコースの修了。3年間フルタイムで職
　　務記述書に記載の職責エリアのうち少なくとも4エリアの経験。

出所：Prien, E. P., Goodstein, L. D., Goodstein, J. & Gamble, Jr., L., G. (2009) *A Practical Guide to Job Analysis*, Pfeiffer. を基に作成

3　職務評価—職務評価方法と職務評価の具体例

　職務分析に次いで行われるのが，職務評価である。以下に職務評価方法を記載する。
　職務評価の方法は，職務を要素に分けて，それぞれの要素に対して相対的な重要性・難易度を比較・評価する分析型職務評価と，職務全体を比較する非分析型職務評価に分かれる。多くの大組織で導入されているのが分析型職務評価，

特に各職務の重要度・難易度を点数であらわすポイントファクター職務評価である。いずれの職務評価方法をとっても，組織内の職務が評価結果に応じてランキングされることとなる。そしてこのランキングされた順に職務を並べて，同じような重要度にランキングされた職務を職務群に分けて等級化していき，等級構造を作ることとなる。たとえばポイントファクター職務評価を用いた場合には，ポイント150以下を1等級とし，151〜220を2等級，221〜300を3等級とするといった具合だ。そして組織内の各職務をそれぞれ対応する等級に振り分けていく。

　職務評価方法は，分析型と非分析型の分類とともに，比較のベースを職務対職務とするか職務対スケールとするかで分類することができる（**図表1−2**）。

｜図表1−2｜　職務評価方法

比較のベース		比較要素	
		職務全体（非分析型）	要素ごと（分析型）
比較のベース	職務対職務	ジョブランキング 組織内のベンチマーク ペアード・コンパリズン マーケットプライシング	ファクターコンパリズン
	職務対スケール	ジョブクラシフィケーション	ポイントファクター

出所：Armstrong, M. and Murlis, H. (1998) *Reward Management : A Handbook of Remuneration Strategy and Practices (4th ed.),* Kogan Page. を基に作成

　図表1−2に示した非分析型職務評価と分析型職務評価の中から，いくつかの代表的な方法を以下に紹介する。

3-1　非分析型職務評価

　職務を構成する要素に分割せず，職務全体を対象に相対的な重要性を評価する方法。非分析型職務評価の代表的な方法としては以下の方法が挙げられる。

● **ジョブランキング**：個々の職務を要素に分割せず，全体として各職務の重要度を比較して，相対的な重要度合いに応じて職務を階層化していく方法。

● ジョブクラシフィケーション：職務全体として各職務の重要度を比較するということでは，ジョブランキングと同様だが，異なるのは，あらかじめいくつかの職務等級を設定しておいて，さらにそれぞれの等級に対して責任・個別タスク・スキル・経験・コンピテンシーなどのレベルを設定する。そして組織内の個別職務を対応する等級に振り分けられるもの。日本の職能資格等級に似た方法だが，違うところは職能資格等級が職務遂行能力を基準に等級レベルが設定されるのに対して，ジョブクラシフィケーションでは職務を基準に職務内容と職務が要求する人材要件を基準にして等級レベルが設定される点である。ジョブクラシフィケーションでは分析対象が個人の職務（職務分析）であるのに対し，職能資格等級では分析対象が部署（職務調査）である点も異なっている。

● ペアードコンパリゾン：洗練化されたジョブランキングと考えていい方法。職務全体を比較するが，この場合は個々の職務を1対1で組織にある他のすべての職務と比較していく。比較して，重要性が高いと判断された職務のほうに2ポイント，低いと判断された職務に0ポイントが加算され，同程度の重要度と判断された場合には両方の職務に1ポイント入る。そしてすべての職務を他の職務と比較した後に個々の職務がとったポイントを足していき，ポイントが高い順に順位をつけていく。1対1で比較したほうが個々の職務の具体的な内容を比較することが容易となるために，比較精度の向上が可能となるが，問題は大きな組織で比較する職務が多い場合には，難しいということである。一般的には50以上の職務は難しいといわれている。

┃図表1－3┃　ペアード・コンパリズンの例

職務	A	B	C	D	E	トータルスコア	順位
A	－	0	2	0	2	4	2
B	2	－	2	2	2	8	1
C	0	0	－	2	0	2	5
D	2	0	0	－	1	3	3
E	0	0	2	1	－	3	3

出所：Armstrong, M. and Murlis, H. (1998) *Reward Management : A Handbook of Remuneration Strategy and Practices (4th ed.)*, Kogan Page. を基に作成

➤ジョブクラシフィケーションによる職務評価の例

クラークコンサルティング社エンジニアのジョブクラシフィケーション職務評価による分類例（一部抜粋）

　クラークコンサルティング社のエンジニア・ジョブファミリー（職種）に対する職務評価の結果，エンジニアは１〜５の５レベルに，エンジニアマネジャーはレベル１〜３の３レベルに分類された。各レベルに記述されているのは，職務評価対象となったジョブディスクリプションとパーソンスペシフィケーションの内容である。エンジニアレベル１〜５のうちレベル１とレベル２，エンジニアマネジャーレベル１〜３のうちレベル１の内容を記載する。

● レベル１エンジニア

ソフトウエアプログラムの開発・テスト・ドキュメンテーションへの参加。
プロジェクトチームメンバーとして，デザインと分析を行う。
典型的なミニマムリクアイメント（最低要求条件）は，科学・技術分野（science or technical field）で大学卒業以上の学位あるいは科学・技術（あるいは相当）分野で２年までの経験

● レベル２エンジニア

より難しいソフトウエアプログラムの開発・デザイン・ドキュメントを行う。
チームメンバーの担当職務の割り当てとスケジューリングのアシスト。
典型的な最低要求条件は，科学・技術分野で大学卒業以上の学位とともに２〜４年の経験，あるいは修士号学位と２年までの経験

● レベル１エンジニアマネジャー

ソフトウエア製品・システムと関連スケジュール・コストのデザイン，開発を指導する。
ソフトウエアグループに対するマネジメントポリシーの開発に参加する。
典型的にマネジャーは，10人までの類似する仕事を担当するスタッフをマネジメントする。
人材マネジメントに関する責任を含めたファーストレベルのマネジメントを担当。

出所：Newman, J. M., Gerhart, B. & Milkovich, G. T. (2014) *Compensation (12th ed.)*, McGraw-Hill；Newman, J. M. & Gerhart, B. (2020) *Compensation (13th ed.)*, McGraw-Hill. を基に作成

3-2　分析型職務評価

　職務を構成する主要な要素を設定して，設定された各要素に対してそれぞれの職務の相対的な重要性を比較していく方法。代表的な方法としては以下の方法が挙げられる。

● **ポイントファクター**：ジョブを主要な要素に分けて，それぞれの要素ごとに職務間で相対的な重要度・難易度を評価して，評価結果をポイントで表す。各要素に対してそれぞれの職務が取得したポイントを足していってそれぞれの職務価値をジョブサイズとしてポイントで表し，ポイント順に組織内にある職務に順位をつけていく。分析型職務評価の代表的な方法といえる。

● **ファクターコンパリゾン**：職務を主要な要素に分けて，それぞれの要素ごとに職務間で相対的な重要度・難易度を評価する点ではポイントファクターと同じだが，ファクターコンパリゾンでは，(1)職務を構成する個々の要素に対してそれぞれの職務の重要度・難易度を評価する，(2)個々の職務の中で各要素の重要度・難易度を評価する，という2つの評価を基にポイントで順位づけが行われる。よく用いられる要素としては，①職務に要求される精神的要素，②職務に要求されるスキル要素，③職務に要求される身体的要素，④職責，⑤労働条件などがあるが，これら要素ごとに各職務の重要性が評価され，ポイント化される。これが(1)の評価。もう1つの評価が各職務においてこの5つの要素がどの程度重要であるかが評価され，ポイント化される。これが(2)の評価。この(1)と(2)の評価におけるポイントが考慮され，各職務の重要度・難易度がポイント化されることとなる。

◆ **代表的なポイントファクター職務評価の例─ヘイガイドチャートプロファイル**
　ポイントファクター職務評価の代表的方法であるヘイガイドチャートプロファイルを紹介する。ヘイガイドチャートでは，業務プロセスを，(1)知識・スキル・経験などノウハウによるインプット（ノウハウ），(2)知識・スキル・経験などに基づき問題解決策を見いだし（問題解決），(3)問題解決策に基づいて行動し成果を出す（アカウンタビリティ）の3つにわけ，それぞれに対して具体的評価項目を以下のように設定する。

｜図表1-4｜ ヘイ・ガイドチャート・プロファイル

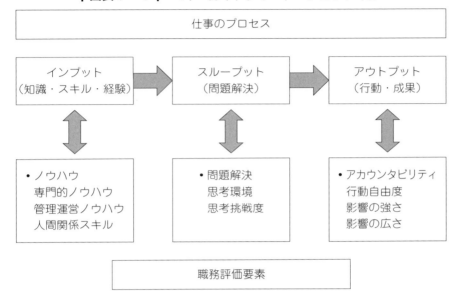

(1) **ノウハウの具体的評価項目**

① 技術的・専門的ノウハウ（初歩的な職務に必要なレベルから，高度な職務に必要なレベルまでの9段階）

② 組織管理運営ノウハウ（担当者レベルから，部門長・本部長レベルまでの7段階に区分され，さらに各段階は，基礎的なスキルのBasicレベルから重大な影響を他人に及ばすCriticalレベルまでの3段階に分かれる）

③ 人間関係スキル

(2) **問題解決の具体的評価項目**

① 上司から指示される方向性の度合いに関する思考環境（定型業務レベルから，上からの支持がほとんどないレベルまで8段階）

② 職務が直面する条件の難易度に関する思考挑戦度（既存の知識・経験の単純な繰り返しで解決できるレベルから，既存の知識・経験が通用せず，状況に適切に対応していく未知的レベルまでの5段階）

(3)　アカウンタビリティーの具体的評価項目

① 職務における行動自由度（厳密な管理下で行動の自由がほとんどないレベルから，行動規定要因がほとんどないレベルまでの10段階）

② 企業の最終成果に対する責任の程度に関するマグニチュード（予算など担当する金銭額によって6レベルに区分）

③ 金銭額で表される最終成果責任に対する関連度合いに関するインパクト（管理職のように直接責任を負うのか，スタッフのように間接的に責任を負うのかを示す指標であり，関連が最も薄いレベルから関連の強いレベルまでの4段階）

以上の(1)ノウハウ評価点，(2)問題解決評価点，(3)アカウンタビリティー評価点の合計が各職務に対するポイントとなる。

3-3　社員等級構造の設計と個々の社員の等級格付け

以上のように職務評価によって個別職務の組織内での相対的な重要度・影響度・困難度などが明らかとなったら，これを基に社員等級を設計する。大企業の場合には，ポイントファクター職務評価が多いため，ここではポイントファクター職務評価を用いた場合の社員等級の設計方法をみていく。

ポイントファクター職務評価のヘイガイドチャートプロファイルを用いて設計した例を図表1-5に示した。このようにポイントファクター職務評価を用いた場合には，各社員等級に対してポイントの下限と上限を決めて，社員等級構造を設計していく。

社員等級構造ができたら，組織内の個別ジョブを該当するポイントに格付けていく。これはそのまま個人社員の等級格付けとなり，自身が担当するジョブのポイントが含まれる社員等級に格付けされることとなる。

3-4　ジョブファミリー別の職務評価

ジョブ型人事が普及している欧米諸国ではすべてのジョブを一度に評価することは少なく，一般的に行われているのは，製造，技術者，アドミニストレーターなどジョブファミリーごとに同じジョブファミリー内の職務に対して相対

| 図表1-5 | ヘイガイドチャートプロファイルを用いた社員等級の例

社員等級	ヘイポイント
11	1801〜
10	1508〜1800
9	1261〜1507
8	1056〜1260
7	880〜1055
6	735〜879
5	614〜734
4	519〜613
3	439〜518
2	371〜438
1	〜370

的な評価を行う方法だ。その理由は，ジョブの内容が非常に異なっていると，相対的な価値を評価することは難しいためだ。たとえば，製造分野のジョブでは機械操作スキル，数的な品質管理スキルなどが重要だが，これらのスキルはファイナンスやエンジニアには当てはまらないためだ。

　ジョブファミリーごとに職務評価は実施するが，最終的には組織にあるすべてのジョブを職務評価に含める。ただし，最初からすべてのジョブを対象に職務評価を行うのではなく，いくつかの職務をベンチマークジョブとして選んで職務評価をスタートし，職務評価プランを開発することが多い。ベンチマークジョブは，製造分野，テクニカル分野，事務管理分野，ラインマネジャーなど組織内の主要なジョブファミリーごとにいくつかのジョブを選ぶ（図表1-6）。

　ベンチマークジョブは以下のような特色をもつ

- ジョブ内容が組織内で知られており，ジョブ内容が比較的長期に安定している。
- 特定の組織のみにユニークに存在しているものではなく，多くの組織に存在している。
- 担当者が少数ではなく，担当者の数がある程度存在している。

　ベンチマークジョブを用いて職務評価に関する計画がある程度開発されたら，ベンチマークジョブ以外のジョブに対して，ベンチマークジョブを対象に開発

┃図表1－6┃　ベンチマークジョブの例

Managerial Group	Technical Group	Manufacturing Group	Administrative Group
		Assembler I Inspector I	
Vice President	Head/Chief Scientist	Packer	Administrative Assistant
Division General Managers	Senior Associate Scientist	Material Handler Inspector II	Principal Adminis- trative Secretary
Managers	Associate Scientist	Assembler II	Administrative Secretary
Project Leaders	Scientist	Drill Press Operator Rough Griner	Word Processor
Supervisors	Technician	Machinist I Core-maker	Clerk/Messenger

注）　4つのジョブファミリーから，それぞれ上記のようなジョブがベンチマークジョブとし
　　　て選択される。

出所：Newman, J. M., Gerhart, B. & Milkovich, G. T. (2014) *Compensation (12th ed.)*, Mc-
　　　Graw-Hill；Newman, J. M. & Gerhart, B. (2020) *Compensation (13th ed.)*, McGraw-Hill.

されたた職務評価プランを適用していく。

4 ┃ 賃金決定方法

4-1　賃金グレード構造の設計

　ジョブ型の賃金グレードは，ジョブ型社員等級（職務等級）に基づいて構築
されるため，最初に行うのが，職務分析・職務評価に基づいて等級構造の設計
であり，続いて，賃金グレードを設計する。賃金グレードの数は職務等級と同
じである場合もあるし，違う場合もある。賃金グレードの数をいくつにするか
は，各ジョブの賃金レベルを反映して個々の組織が判断することとなる。賃金
グレードの数が決まったら，各賃金グレードに対して最高ポイントと最低ポイ
ントを決めて賃金レンジを設定する。最高ポイントと最低ポイントは，各賃金
グレードのミッドポイントに上下10〜25％程度に設定して，賃金レンジの幅と
するのが，欧米などジョブ型人事の普及した国における伝統的賃金グレードの
賃金レンジ幅となる（図表1－7）。

| 図表1－7 | 賃金レンジの設定方法　年収（£） | | | |

最低ポイント	ミッドポイント	最高ポイント	賃金レンジ
90% 22,500	100% 25,000	110% 27,500	22%
85% 21,250	100% 25,000	115% 28,750	35%
80% 20,000	100% 25,000	120% 30,000	50%

出所：Armstrong, M. & Murlis, H. (1998) *Reward Management : A Handbook of Remuneration Strategy and Practices (4th ed.)*, Kogan Pageを基に作成

　さらに各賃金レンジ間のオーバーラップをどの程度にするかを決める。賃金レンジ幅，賃金グレード間のオーバーラップは両方とも賃金グレードによって異なるのが普通である（一般的に高い賃金グレードほどレンジ幅・オーバーラップともに大きい）。欧米における伝統的な職務給の賃金グレード構造を図表1－8に示した。

| 図表1－8 | 欧米における伝統的賃金グレード構造 |

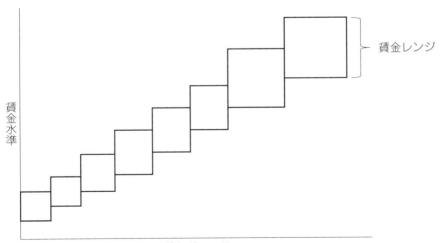

出所：Armstrong, M. & Murlis, H. (1998) *Reward Management : A Handbook of Remuneration Strategy and Practices (4th ed.)*, Kogan Page. などを基に作成

4-2　社員個人の賃金グレードと賃金レンジ内の位置の決定

　賃金構造が決定したら，次に行うのは，(1)個人の賃金グレードへの格付け，(2)格付けられた賃金グレードに対応した賃金レンジ内の位置づけという2つの決定である。(1)は担当ジョブに対する職務評価によって決められる。ポイントファクター職務評価を行った場合には，担当ジョブのポイントに応じて，該当する賃金グレードに格付けられる。(2)に関しては，職務評価結果と社員各人が有する知識・スキル・経験・行動・成果などさまざまな人的要因に対する評価に応じて決められる。具体的には，新規採用の場合には，担当ジョブの価値やこれまでの経験・実績，労働市場の状況などを総合的に判断して決定され，既存の社員に対しては，担当ジョブの価値や人事評価結果，労働市場の状況などを総合的に判断して決定する。

　以上のように，ジョブ型の賃金決定の場合には，賃金グレードの決定に対しては評価対象となるのは担当ジョブであり，賃金グレードに対応した賃金レンジ内での位置決定は，担当ジョブ，本人の有する人的要件，該当ジョブに対する労働市場の状況などさまざまな要因に影響を受ける。

4-3　マーケットペイの種類

　これまで賃金グレード構造の構築方法を説明した。このプロセスで決定するのは，賃金グレード数と各賃金グレードのレンジ幅を決定して賃金グレード構造を設計し，各賃金グレードに格付けられる社員とグレード内での位置である。この段階では，賃金レベルは決まらない。賃金レベルはマーケットペイを参照して決められるためである。このマーケットペイを参照して賃金レベルを決定する賃金決定方法を「マーケット型賃金決定」という。世界的に見て現在までにマーケットペイが確立しているのは，ジョブのみであるため，マーケット型賃金決定のためには，ジョブ型人事であることが必要条件となる。

　マーケットペイデータの種類には，さまざまな方法がある。大きく分けると，(1)国全体，地域別，産業別，職種別などの中央・地域政府や各種団体などが収集するマーケットペイデータ，ジャーナル掲載データ，求人広告（求人広告には通常，簡単なジョブディスクリプション，年収，勤務地，主な福利厚生の内

容などが記載されている）など一般に入手できるマーケットペイデータ，(2)労働市場におけるコンペティターなどが集まった企業グループでマーケットサラリーサーベイを実施する，(3)コンサルティング会社など専門機関で実施するマーケットサラリーサーベイに参加する，の3つがある（(2)と(3)の方法をクラブサーベイという）。具体的なマーケットペイデータの種類を**図表1－9**に記載する。

　(1)～(3)のマーケットペイデータの種類と**図表1－9**との関係は，以下となる。(1)＝国，地域レベルのサーベイ，地方（都市）レベルのサーベイ，特定産業・特定職業対象のサーベイ，ジャーナル掲載データ，採用広告，(2)＝スペシャルサーベイ，ペイクラブ，(3)コンサルティング会社など専門機関が実施するマーケットサラリーサーベイ，となる。

｜図表1－9｜　マーケットペイデータの種類

データ源	内容	強み	弱み
国・地域レベルのサーベイ	購入可能 全国・地域レベルの職業別賃金レベルデータを提供	幅広い分野をカバー，長期的なトレンド分析に適する	ジョブマッチングレベルが低い
地方（都市）レベルのサーベイ	購入可能 地域レベルの職業別賃金レベルデータを提供	対象は管理スタッフとマニュアルワーカー	ジョブマッチングレベルが低い，サーベイ実施者の専門性が低い可能性がある
特定産業・特定職業対象のサーベイ	多くの場合，使用者団体や業界団体が特定産業や特定産業内の特定職業を対象にサーベイ実施	特定産業に焦点を当てているため，ジョブマッチングレベルが国・地域・地方レベルのサーベイよりも高い	ジョブマッチングレベルは比較的高いが，確実ではない
コンサルティング会社実施のサーベイ	コンサルティング会社が有するデータベースから賃金データが提供される	十分なリサーチとマッチングデータに基づき，特定の労働市場に高度に対応している	特定コンサルティング会社からのみ収集でき，多くの場合参加企業以外には公開されておらず，参加料が高額である
スペシャルサーベイ	個別組織によって実施されるサーベイ	参加企業と分析方法がコントロールされ，ジョブマッチングレベルが高い	時間がかかり，参加企業を得ることが難しいなど問題があり，サンプルサイズが少なくなる。何度も実施することが難しい
ペイクラブ	特定の企業間で定期的に賃金データを交換する	参加企業と分析方法がコントロールされ，ジョブマッチグレベルが高い。定期的に実施されるためトレンドを知ることができ，賃金・ベネフィットポリシーも知ることができる	サンプルサイズが小さくなりがちで，実施に対するコストが大きいため参加企業の参加意識の維持が難しい
ジャーナル掲載データ	IDR[1]，HR専門誌，New Earnings Survey[2] に基づく国レベルの賃金トレンド	アクセス可能	賃金に関するトレンド情報は収集できるが，個別のジョブに関するマッチングレベルは低い
採用広告	採用広告から賃金データを収集	使用者，従業員双方にとってアクセス可能 公的セクターやボランティアセクターに対する特定ジョブのデータを収集できる	ジョブマッチングレベルは高いが，賃金情報は不正確

注：1 ＝Income Data Research　2 ＝英国政府が行う賃金に関する調査
出所：Armstrong, M. & Brown, D. (2019) *Armstrong's Handbook of Reward Management Practice (6th ed.)*, Kogan Page. を基に作成

4-4　マーケットペイを参照した賃金決定方法
　　―職務評価付きマーケットペイ

　マーケットペイを参照して賃金レベルを決める具体的な方法は，職務評価に
基づいて設計された社員等級と賃金グレード構造の各グレードのミッドポイン
トを，マーケットペイを参照して決定するというものだ（**図表1-10**）。この
マーケットペイの活用方法を「職務評価付きマーケットペイ」という（Cafaro,
2021）。

　さらに，1つの賃金グレードの中にサブレンジを設けることも一般的に行わ
れている。サブレンジの数は，3～4が多く，賃金レンジ内で下位のサブレン
ジでは昇給率を高くして，上位のサブレンジでは昇給率を低くするというもの
である。これは賃金グレードが昇格した当初は高い昇給率が得られるが，同一
グレードに長期間停滞するにつれて昇給率を低くするというものである。

┃図表1-10┃　賃金グレード構造（ポリシーライン）

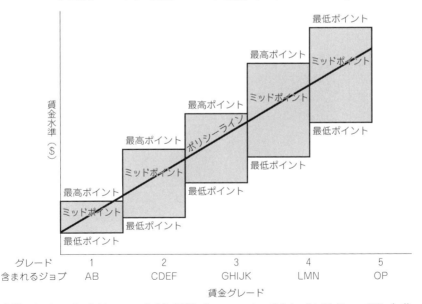

出所：Gerhart, B. & Newman, J. M. (2020) *Compensation (13th ed.)*, McGraw-Hill. を基
　　に作成

5 ｜ 人事評価との関係

5-1　人事評価と賃金決定は直結しない

　ジョブ型・マーケット型人事の世界では，人事評価は目的や報酬との関係などさまざまな面で，日本の状況とは異なってくる。人事評価と報酬との関係では，日本では組織内の評価のみで基本給昇給（あるいは降給）で決まる。たとえば社員等級5等級で，人事評価評点がBであった場合には，昇給額は6,000円となる（**図表1-11**）。これは日本では一般的に普及した昇給方法であるが，マーケットプライシングの世界では人事評価点によって昇給額（率）は決まらず，マーケットペイとの相対的な位置によって昇給額（率）は変動してくる。たとえばわが社では設定した共有する外部労働市場におけるマーケットペイとの関係で上限を設定し，現在の賃金レベルが上限を超える場合には，それ以上の昇給は基本的に行わない。日本のような人事評価点で自動的に昇給額（率）は決定しないのである。

｜図表1-11｜　日本における人事評価評点と昇給額の直結関係　　(円)

		人事評価評点				
		S	A	B	C	D
等級	6 等級	9,800	8,400	7,000	5,600	4,200
	5 等級	8,400	7,200	6,000	4,800	3,600
	4 等級	6,300	5,400	4,500	3,600	2,700
	3 等級	4,900	4,200	3,500	2,800	2,100

出所：高原暢恭（2018）『賃金・賞与の教科書』（労務行政）を基に一部修正

　昇給額（率）は，マーケットペイとの関係に影響を受けるため，人事評価点との関係はあくまでガイドラインとなる。図表1-11で昇給額を考えると，社員等級5等級でB評価を取った場合，6,000円昇給するとマーケットペイとの関係で上限額を超える場合には，6,000円昇給ではなく，たとえば3,500円の昇

給となる。そして翌年はマーケットペイの上限に達しているために，(1)マーケットペイが上昇する，(2)ジョブの内容に変化が起こり，その結果，ジョブディスクリプションとパーソンスペシフィケーションが書き直されて，参照するマーケットペイに変化が起こる，の2つが起こらない限り，賃金上昇は起こらない。

　日本では人事評価結果が昇給に直結するのは，内部の評価（人事評価）のみで賃金が決定するためだ。これに対して，日本以外の多くの国では内部評価とともに外部労働市場での価値が影響を受けるため，人事評価が昇給に直結しないのである。組織内部での評価のみで賃金が決定する方式を組織型賃金決定（Organization-based Pay Determination）といい，組織内部と外部労働市場の評価によって賃金が決定する方式を市場型賃金決定（Market-based Pay Detremination）という（Dore, 1989；須田，2004）。内部評価だけで賃金が決定する日本の組織型賃金決定は世界的にみて非常にユニークである。

　さらに，人事評価結果が賃金決定上昇に直結しなくなると，人事評価の目的に変化が起こる。人事評価の目的には，賃金・昇進など処遇決定目的（Judgement Purpose）と人材開発目的（Development Purpose）の2つに大別されるが（Baron & Kreps, 1999；Storey, 2001；Wilkinson, et al., 2009；Ivancevich, 2004），賃金との直結がなくなり，外部労働市場が影響を受けるようになると，相対的に育成目的が重視されてくる。ここから考えると，マーケット型人事の世界に比べて報酬に人事評価が直結している日本は処遇目的が大きな国なのである。人事評価点と報酬との直結がなくなると，人事評価点のつけ方にも変化が起こる。分布をつける必要性が薄れるのである。日本では，人事評価と報酬が直結しているため，人事評価点と賃金原資の分配が結びつくため，人事評価点の分布が必要となる。これに対して欧米などマーケット型人事の世界では，人事評価点が報酬と直結しなくなるため，人事評価点の分布の必要性がなくなってくるのである。実際に人事評価点に厳密に分布をつけることは普及しておらず，大まかなガイドラインを提示する程度である。筆者はイギリスの人事実務家のカンファレンスで，人事評価点に分布をつけている（Forced Distribution）事例の発表セッションに参加した経験があるが，彼らにとって人事評価に分布をつけることは珍しく，珍しい事例として発表されていた。人事評価に分布をつけることは一般的なやり方ではないのである。

5-2　パフォーマンスレビューとペイレビューは別プロセス

　欧米でも人事評価（パフォーマンスレビュー）は，部下が自己評価を行い，上司が評価を行い両者で話し合いを通じて合意を図り，最終的にお互いにサインをする，というのが一般的なやり方であり，日本のやり方と基本的に同じである。これに対して，ペイレビューに関しては上司がパフォーマンスレビュー結果やマーケットペイを見ながら決定し，部下に伝えるのが一般的であり，パフォーマンスレビューとペイレビューは別プロセスなのである。

　日本では管理職層を中心に人事評価点に応じて降格・降給させる企業が多いが，マーケット型人事の世界では原則として降格・降給は発生せず（特に個人別に賃金決定されるホワイトカラー），ある程度の猶予期間はとるものの解雇あるいは退職となる。組織にとっては不必要な人材に降格・降給させて組織に留めるよりも，一時的に金銭を支払って解雇し，必要人材に入れ替えるほうが合理的であるし，社員個人にとっても降格・降給されると労働市場における価値が下がることになり，そんな状態で同じ組織にいるよりも，参照となるマーケットペイが下がる前に退職したほうがよいのである。M&AなどでM&A以前の組織で同一ポジションにいた社員から1人を決める場合も同様である。なるべく早く決めたほうが，ポジションに残らなかった人はすぐに退職して賃金レベルが落ちることがなくなり，社員にとってよいことなのである。

コラム　**マーケット型人事の世界ではペイレビューは
年に1回ではない**

　マーケットペイに連動して賃金決定される世界では，日本とは異なり，ペイレビューは年に1回ではない。期中であってもジョブ内容が変化し，ジョブディスクリプションとパーソンスペシフィケーションが書き直されると，参照するマーケットペイが変化しているかどうかがチェックされ，変化していると昇給が発生する。日本で行われている年に1回のペイレビューはアニュアルペイレビューと呼ばれている。ジョブ内容が変化すると賃金レベル変化の可能性があることは，目標設定などにも影響を与える。目標設定した時点でジョブディスクリプション・パーソンスペシフィケーションが書き直された場合には，同じように参照するマーケットペイ

が変化しているかどうかがチェックされ，昇給の可能性が出てくるのである。ライン管理者にとって目標設定は賃金予算との関連も考慮しなくてはならないのである。マーケット型人事の世界はライン管理者にとってより厳しい世界といえる。

|| 参考文献 ||

Armstrong, M. & Brown, D. (2019) *Armstrongs Handbook of Reward Management Practice (6th ed.)*. Kogan Page.

Armstrong, M. & Murlis, H. (1998) *Reward Management : A Handbook of Remuniration Strategy and Practices (4th ed.)*. Kogan Page.

Brannick, M, T. & Levine, E. L. (2002) *Job Analysis : Methods, Researc and Application for Human Resource Management in the New Millennium*. SAGE Publications.

Bryan, L. (2017) *Job Evaluation : A Critical Review*, Routlege.

Cafaro, D. (ed.) (2021) *The WorldatWork Handbook of Total Rewards : A Comprehensive Guide to Compensation, Benefits, HR & Employee Engagement (2nd ed.)*, Wiley.

Cassio, W, F. (1998) *Applied Psychology in Human Resource Management (5th ed.)*. Prentice Hall.

Cassio, W, F. & Aguinis, H. (2011) *Applied Psychology in Human Resource Management (7th ed.)*. Prentice Hall.

Dore, R. (1989) "Where We Are Now : Musing of an Evolutionist", *Work, Employment & Society*, Vol. 3, No. 4.

Newman, J, M. & Gerhart, B. (2020) *Compensation (13th ed.)*. McGraw-Hill.

Newman, J, M., Gerhart, B. & Milkovich, G, T. *Compensation (12th ed.)*. McGraw-Hill.

Pearn, M. & Kandola, R. (1993) Job Analysis : *A PracticalGuide for Managers (2nd ed.)* IPD.

Prien, E, P., Goodstein, L, D., Goodstein, J. & Gamble, Jr., L. G. (2009) *A Practical Guide to Job Analysis*, Pfeffer.

須田敏子（2004）『日本型賃金制度の行方：日英の比較で探る職務・人・市場』慶應義塾大学出版会

高原暢恭（2018）『賃金・賞与の教科書』労務行政

第2章

世界標準のジョブ型・マーケット型人事の実態(2)
変わる賃金決定方法
―マーケットプライシングの普及で
キャリア開発と賃金決定が直結する―

1 | ジョブ型・マーケット型賃金決定方法の変遷
―マーケットプライシングの普及

　第1章で，伝統的マーケットペイ活用方法である「職務評価付きマーケットペイ」の具体的方法を紹介した。欧米などではここ20〜30年の間に，マーケットペイ活用方法には大きな変化が起こっている。職務評価に基づき社員等級と賃金グレード構造を設計し，各賃金レンジのミッドポイントをマーケットペイで決めるという方法から，各ジョブの賃金レベルを，直接マーケットペイを参照して決めるというマーケットプライシング（あるいはMarket-driven Pay）に変化してきているのである。

　アメリカの賃金決定方法をみると，すべての職種・階層でマーケットプライシングが70%前後となっており，主要な賃金決定方法であることがわかる。次いで，20%前後が職務評価付きマーケットペイであり，両者の間には大きな開きがある（図表2−1）。職務評価に基づく伝統的マーケットペイ活用が中心であったものが，現在では，マーケットプライシングが主流となっていることがわかる。マーケットプライシングは，賃金グレード構造に対してマーケットペイを活用するのではなく，個別のジョブに対してマーケットペイを参照して賃金レベルを決定するという賃金決定方法だ。

　この変化は人材流動化の進展によってもたらされた。職務評価によって得られた組織内でのジョブ間の相対的な重要度・影響度・難易度などに関する評価が，必ずしも外部労働における個々のジョブの価値を反映しているとは限らない。人材流動化が進展すれば，組織内での相対的な価値（内部公平性）よりも，労働市場での価値（外部公平性あるいは外部競争力）のほうが重要となる。

｜図表2－1｜　アメリカの賃金決定方法の現状　　　(%)

	マーケット プライシング	職務評価付き マーケットペイ	その他
シニアマネジャー	74	16	11
ミドルマネジャー	70	19	12
プロフェッショナル	69	20	11
セールス	72	17	11
アドミニストレーション	68	20	12
プロダクション	69	17	15

出所：Cafaro, D. (ed.) (2021) *The WorldatWork Handbook of Total Reward : A Comprehensive Guide to Compensation, Benefits, HR & Employee Engagement*, Wileyを基に作成

　以上がアメリカの状況である。次いでイギリスの状況について。英米は両国とも株主資本主義の国として知られており，HR面も含めてガバナンスのタイプが類似しているため，アメリカとともにイギリスの賃金決定方法に関する状況もみてみる。

　イギリスの賃金決定重視項目では，アメリカとは異なり職務評価付きマーケットペイ活用とマーケットプライシングの割合はほぼ同じようなものとなっている（**図表2－2**）。マーケットプライシングが普及してきた1990年代後半以降のトレンドを知るためのデータがないため，明確には言い切れないが，「まえがき」に記載した筆者のイギリスでのケーススタディの経験からすると，以前はイギリスでもマーケットプライシングが中心であったと思われる。イギリスで内部公平性重視の職務評価付きマーケットペイが増えてきた原因には，2010年に施行された均等賃金法が挙げられる（Armstrong & Braun, 2019）。同法は組織内での男女間の賃金均等を規定した法であり，組織には男女均等賃金が実現していることを証明することが求められる。その結果，組織内でのジョブ間の相対的価値を評価する基準が必要となり，相対的価値の評価基準として用いられたのが職務評価というわけだ。1960年代にアメリカで男女の均等賃金の証明のために，職務評価が普及したのと同じ状況のようだ。

　アメリカとイギリスの賃金決定方法の比較からは，労働市場の状況への対応や法制度への適応など多岐にわたる要因が賃金決定方法に影響を与えたことが窺える。

｜図表2－2｜ イギリスの賃金決定重視項目（産業セクター別） （%）

	支払い能力	職務評価付きマーケットペイ活用	マーケットプライシング	団体交渉
製造業	12	17	21	10
サービス	20	22	19	6
小売り・病院・レジャーなど	27	22	27	5
法律事務所・金融・テクノロジー他のプロフェッショナルサービス	19	20	15	5
それ以外の私的セクター	18	25	20	8
公的サービス	21	16	7	44
ボランティア・コミュニティ・非営利組織	47	29	7	2

出所：CIPD (2019) Reward Management Survey.

2 ｜ マーケットプライシングによる賃金決定方法

　マーケットペイの収集方法は，前章で紹介したとおり，大別すると，①国・地域・都市レベルのサーベイや特定産業・特定職業対象のサーベイなど一般に入手できるマーケットペイデータ，②外部労働市場を共有する企業グループが独自に実施するマーケットサラリーサーベイによるマーケットペイデータの収集する，③コンサルティング会社など専門機関が実施するマーケットサラリーサーベイに参加してのマーケットペイデータ収集，（②と③の方法をクラブサーベイという）の3つのタイプがある。

　ここでは，マーケットプライシングにおける，②と③のクラブサーベイを通じてのマーケットペイデータの収集方法と活用方法を紹介する。まずマーケットペイデータの収集方法について。マーケットサラリーサーベイの参加企業にデータ収集シートが送られ（通常，人事部あてに送付），人事部が社員各人にデータ収集シートを送り，個人はそこにジョブ内容（ジョブディスクリプション）や人的要件（パーソンスペシフィケーション）を記載し，さらに年収（基

本給），キャッシュボーナス，ストックオプションなど株による報酬などを記載していく。サーベイ参加企業は，社員から収集したデータをサーベイ実施企業（あるいはコンサルティング会社などサーベイ実施専門機関）（以下，サーベイ実施企業）に送る。そして，サーベイ実施企業では，サーベイ参加企業が収集したデータを整理し，組織階層・キャリア構造（ジョブファミリー別・サブジョブファミリー別など），ジョブタイトル（簡易版のジョブディスクリプションとパーソンスペシフィケーション付き），さらに各ジョブタイトルに応じたマーケットペイ（第1四分位・中央値・第3四分位など）などを含むマーケットサラリーサーベイ結果をサーベイ参加企業に送る。マーケットサラリーサーベイ結果は，産業別・規模別などさまざまな括りで集計されている。なお，現在はデータ収集もサーベイ結果もネット経由で行われる。

　サーベイ参加企業は，サーベイ結果を階層・キャリア構造，ジョブタイトル（簡易版のジョブディスクリプションとパーソンスペシフィケーション付き）などに応じて，社員各人のジョブに類似したジョブの賃金レベルを知り，これに基づいて個人賃金を決定していく。大企業では，マーケットサラリーサーベイの精度を上げるために，複数のサーベイに参加し，自社版のマーケットペイデータをもっているところが多い。なお，さまざま方法でマーケットペイデータを収集して，自社版マーケットペイデータを作成するのは人事部であり，人事部（HRビジネスパートナー）とライン管理者が協力して個々の部下の賃金を決定していく。

　マーケットプライシングが普及した理由は，人材流動化の進展のため，組織内の内部公平性よりも外部公平性が重視された結果といえる。人材流動化が進んだ社会においては，組織内のジョブ間の相対的な評価と労働市場でのマーケットペイの間に乖離が生じた場合には，必要人材のアトラクション（採用）・リテンションのためには，組織内のジョブ間の相対的な評価よりもマーケットペイをより重視した賃金決定が必要となる。その結果，直接，個別職務に応じたマーケットペイを反映して個人賃金を決定しようというマーケットプライシングが普及していった。

　個人賃金の決定には，マーケットペイだけではなく，パフォーマンスレビュー（日本の人事評価にあたる）によって評価されたパフォーマンスやコンピテンシーなども考慮されるが，マーケットペイとの連動は賃金決定の重要な要素である。流動化が進展した労働市場では，優秀な社員のリテンションが重

要課題であり，そのためにはマーケットにおける競争力のある報酬の提供が不可欠だ。同時に，マーケットペイ以上に高い賃金の支払いは，不必要な労務コストとなるため，コスト削減のためにはマーケットペイを知り，適切な賃金決定を行うことが重要となる。

　ミドルマネジャーレベルではプレイングマネジャーが多いため，各マネジャーのジョブファミリーの中で，ピープルマネジメントを行うライン管理者を属するジョブファミリー・サブジョブファミリーなどのキャリアパスに対するマーケットペイを参照して賃金を決定していく（具体的なマーケットサラリーサーベイ結果を「テレコムサラリーサーベイ」「ハイテク産業サラリーサーベイ」を本章の後半に記載）。

　新技術や新規ビジネスの登場に伴い，新しく発生したジョブに関しては，類似したジョブのマーケットペイを参照する，あるいは新しいジョブをマーケットサラリーサーベイに加えていく。サーベイ参加企業がサーベイ実施企業に対して，新たなジョブをマーケットサラリーサーベイに加えることを要望することもある。

　いずれにしてもマーケットプライシングにおいて，職務とマーケットペイのマッチングが非常に重要で，各社ともマッチングの精度向上に努めている。

3 ｜ マーケットペイの活用例

　マーケットペイにはいくつかの種類があることを紹介してきたが，企業，特に大企業では複数のマーケットペイデータを収集して活用することが多い。少なくも組織階層によって収集するマーケットペイデータが異なるのが通常で，**図表2−3**に示した大手製薬企業の例では，トップマネジメント，管理職・専門職，事務職の3つの階層に対して，産業，企業規模，地理のマーケットペイデータ対象を決めている。

　3つの組織階層について個別にみていくと，まず産業要因では，トップマネジメントと管理職・専門職では全労働市場と製薬産業の2つのカテゴリーがある。産業によってジョブ内容（ジョブディスクリプション）も人的要件（パーソンスペシフィケーション）も異なるため，産業別のマーケットペイが必要となるし，これらの階層では産業別労働市場と共にマネジメント面では労働市場全体が労働市場であるためだ。これに対して事務職では，製薬産業に特化した

┃図表2－3┃ 大手製薬企業のマーケットペイの例

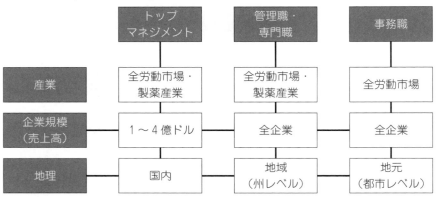

出所：Cafaro, D. (ed.) (2021) *The WorldatWork Handbook of Total Reward : A Comprehensive Guide to Compensation, Benefits, HR & Employee Engagement,* Wiley. を基に作成

ジョブ内容や人的要件の要素が少ないため，全労働市場のマーケットペイだけでよいことになる。企業規模については，特にトップマネジメント層で規模別の採用労働市場が普及している。大企業のCEOは大企業間で転職するといった具合だ。地理面では，組織階層が上にいくほど労働市場の幅が広がるため，トップマネジメントは国内（全米），管理職・専門職は地域（州レベル），事務職は地元（都市レベル）となっている。

　これらのマーケットペイデータの括りに対して，**図表2－3**に示した国・地域レベルのサーベイ，地方（都市）レベルのサーベイ，特定産業・特定職業別のサーベイ，ジャーナル掲載データ，採用広告（ここまでが一般に普及しているマーケットペイデータで，購入などでどの組織でも入手できるデータ），コンサルティング会社など専門機関が実施するサーベイ，スペシャルサーベイ，ペイクラブ（参加組織のみがデータを入手できるクラブサーベイ）などさまざまな方法を通じてマーケットペイデータを収集することとなる。

4 ┃ 人材流動化社会での賃金戦略—外部競争戦略の特定

　人材流動化が進展して外部労働市場のマーケットペイを参照して賃金レベルを決定している社会では，外部競争力のある賃金レベルの決定が重要であるため，①自社にとっての外部労働市場とはどんな市場か（社員のアトラクション

やリテンションでコンペティターとなる企業群の特定)，②特定した外部労働市場でどの程度の賃金レベルを提供するか，という2つの決定が一般的に行われている。たとえば，筆者が調査した企業（大手飲料企業）のうちの1社では，自社の外部労働市場を，国内大手飲料企業からグローバルで競争する消費財企業へ転換し，賃金レベルについても国内大手飲料企業の第3四分位からFTSE100社の中央値に変更していた。このように外部労働市場の特定と，特定した外部労働市場に対する賃金レベルの設定は，人事にとって戦略的な意思決定なのである。本書では，世界のITトップ企業であるマイクロソフトのトップエグゼクティブに対する賃金面での外部競争戦略（外部労働市場と特定した外部労働市場における賃金レベル競争戦略）を紹介する。

➤賃金面での外部競争戦略の例
　—マイクロソフトにおけるシニアエグゼクティブに対する外部労働市場の特定

　シニアエグゼクティブと労働市場を共有する企業として，⑴同じ技術領域でビジネスを行う企業（Technology Peer Group），⑵技術領域・ビジネス領域を超えてさまざまな産業を通じた世界のトップ企業（Dow Peer Group）の2つのタイプの企業を特定する。
⑴　同じ技術領域でビジネスを行う企業（Technology Peer Group）
　当社と類似したスキルセットと専門的バックグラウンドを有する社員を雇用して，ソフトウエア・ハードウエア製品，オンラインサービス提供を中心にビジネスを展開する情報技術産業の企業
　Accenture, Adobe Systems, Amazon, Apple, Blackberry, Cisco Systems, Facebook, Google, Hewlett-Packard, IBM, Intel, Oracle, SAP, Symantec, Yahoo!
⑵　世界のトップ企業（Dow Peer Group）
　グローバル規模で活動する多角化した大企業。世界的なビジネスリーダーとして，情報技術産業だけでなく，さまざまな産業を通じたトップ企業としてシニアエグゼクティブ採用でマイクロソフト社と競争している企業
　3M, Alcoa, American Express, AT&T, Bank of America, Boeing, Caterpillar, Chevron, Coca-Cola, DuPont, ExxonMobil, General Electric, Home Depot, JP Morgan Chase, Johnson & Johnson, McDonald's, Merck, Pfizer, Proctor & Gamble, Travelers Company, United Technology, Verizon,

Wal-Mart, Walt Disney

（Technology Peer Groupに入っている企業は，Dow Peer Groupから抜いている）

- 報酬レベルの決定に関しては，わが社とより近い労働市場で人材獲得競争をしているため，同じ技術領域でビジネスを行う企業（Technology Peer Group）をより重視する。
- 同じ技術領域でビジネスを行う企業（Technology Peer Group）と世界のトップ企業（Dow Peer Group）に対するマイクロソフトの報酬レベルは，キャッシュによる報酬では中位以下，株による報酬では中央値以上とする。

出所：Microsoft 2008, 2011 and 2015 Proxy Statementを基に作成（Peer Group企業の社名はProxy Statement発表時の社名を使用）

5 | マーケットペイデータの具体例
　　──一般に入手できるマーケットペイデータ

　次いで，マーケットペイの種類について具体的な内容を紹介する。マーケットペイの収集方法には，①一般に入手できるマーケットペイデータを収集する，②企業グループで実施するマーケットサラリーサーベイに参加して収集する，③コンサルティングなど専門機関で実施するマーケットサラリーサーベイに参加して収集する，という 3 つのタイプに大別される。この 3 つのタイプのマーケットペイデータのそれぞれについて，具体例を紹介する。まず，一般に入手できるマーケットペイデータについて。取り上げるのは，米国労働統計局（US Bureau of Labor Statistics）が発表している職業別雇用賃金データ（Occupational Employment and Wage Statistics）である。

　ジョブ型人事が普及している米国政府が発表しているデータであるため，本データは類似ジョブをグルーピングして定義した職業（Occupation）を単位として，マーケットペイデータを提供するものである。なお，ジョブを単位に賃金情報を発表する方法は，日本以外の国で普及した方法である。厚生労働省の賃金構造基本統計調査のように「学歴別」「年齢別」「勤続別」「性別」など属性別で区分するのは，日本特有の方法である。

5-1　マーケットペイ収集対象の職業プロファイル

➤職業プロファイルの定義

米国労働統計局（US Bureau of Labor Statistics）によるOccupation（職業）の定義（SOC（Standard Occupational Classification）＝標準職業クラシフィケーション（分類））は，次のとおり。

ジョブは個人が実行するワークアクティビティのセットである。ワークアクティビティのセットは，事業所の組織とサイズによって異なる。さらに，ワークアクティビティのセットは個々のワーカーによって異なる場合もある。Occupation（職業）はいくつかの個別ジョブを1つにまとめて，職業内容を記述したものである（Occupation Description）。

具体的な職業プロファイルは以下のとおり（一部抜粋）

➤職業プロファイルの具体例

主要グループ（Major Groups）
-00-0000　全職業（All Occupation）
-11-0000　マネジメント職業
-13-0000　ビジネス・フィナンシャルオペレーション職業
-15-0000　コンピュータ・スタティテクス職業
-17-0000　アーキテクチャー・エンジニアリング職業
-19-0000　ライフ・フィジクス・ソーシャルサイエンス職業
-21-0000　コミュニティ・ソーシャルサービス職業
-23-0000　リーガル職業
-25-0000　エデュケーション・ライブラリー職業
-27-0000　アート・デザイン・エンターテイメント・スポーツとメディア職業
-29-0000　ヘルスケアプラクティショナー・テクニカル職業
-31-0000　ヘルスケアサポート職業
-33-0000　プロテクティブサービス職業
-35-0000　フードプレパレーションとサービス関連職業
-37-0000　ビル・グラウンドのクリーニング・メンテナンス職業
-39-0000　パーソナルケアとサービス職業

-41-0000　セールス・セールス関連職業
-43-0000　オフィス・アドミニストレイティブサポートスタッフ職業
-45-0000　ファーミング・フィッシングとフォレストリー職業
-47-0000　コンストラクションとイクストラクション職業
-49-0000　インストール・メインテナンスとリペアー職業
-51-0000　プロダクション職業
-53-0000　トランスポーテーション職業

　-11-0000　マネジメント職業
　　-11-1000　トップエグゼクティブ
　　　-11-1010　チーフエグゼクティブ
　　　-11-1020　ジェネラル・オペレーションマネジャー
　　-11-2000　アドバタイジング・マーケティング・プロモーション・パブリッ
　　　　　　　クリレーションズ・セールスマネジャー
　　　-11-2010　アドバタイジング・プロモーションマネジャー
　　　-11-2020　マーケティング・セールスマネジャー
　　　　-11-2021　マーケティングマネジャー
　　　　-11-2022　セールスマネジャー
　　　-11-2030　パブリックリレーションズマネジャー
　-13-0000　ビジネス・フィナンシャルオペレーション職業
　　-13-1000　ビジネスオペレーションスペシャリスト
　　　-13-1020　バイヤー
　　　-13-1040　コンプライアンスオフィサー
　　　-13-1070　ヒューマンリソース
　　　　-13-1071　ヒューマンリソーススペシャリスト
　　　　-13-1075　労務管理（Labor Relations）スペシャリスト
　　　-13-1110　マネジメントアナリスト
　　　-13-1120　ミーティング・コンベンション・イベントプランナー
　　　-13-1140　コンペンゼーション・ベネフィット・ジョブアナリシススペ
　　　　　　　　シャリスト
　　　-13-1150　トレーニング・デベロプメントスペシャリストリスト
　　　-13-1160　マーケットリサーチ・マーケティングスペシャリスト
　　　-13-1190　その他ビジネスオペレーションスペシャリスト
　　-13-2000　フィナンシャルスペシャリスト
　　　-13-2010　アカウンタント・オーディター

　　　　-13-2030　バジェットアナリスト
　　　　-13-2040　クレジットアナリスト
　　　　-13-2050　フィナンシャルアナリシス・アドバイザー
　　　　　-13-2051　フィナンシャル・インベストメントアナリシス
　　　　　-13-2052　パーソナルフィナンシャルアドバイザー
　　　　　-13-2054　フィナンシャルリスクスペシャリスト

出所：US Bureau of Labor Statistics "Occupational Employment and Wage Statistics. May 2022 Occupation Profiles"（2022年5月）　http://www.bls.gov/oes/current/oes_stru.htm（2023年11月23日現在）

5-2　マーケットペイデータにみる米国の職業別賃金の実態

　全米統計局が職業プロファイルを対象に提供するマーケットペイデータは，個々の職業に対して年収・時給について，第1十分位，第1四分位，中央値，第3四分位，第9十分位の5つ賃金水準で発表している。ここでは2022年5月に収集されたマーケットペイデータから米国における賃金レベルの実態を紹介する。

(1)　全米の職業別マーケットペイ

　マーケットペイは全米全体，州別などさまざまなレベルで発表されているが，最初に紹介するのが全米のデータである。米国における全職業のマーケットペイとマネジメント職のマーケットペイは以下のとおり。

◆全職業のマーケットペイ
　時給＝第1十分位（$11.53），第1四分位（$14.40），中央値（$22.00），第3四分位（$32.98），第9十分位（$49.43）
　年収＝第1十分位（$23,980），第1四分位（$29,950），中央値（$45,760），第3四分位（$68,590），第9十分位（$102,810）

◆全米マネジメント職業全体のマーケットペイ
　時給＝第1十分位（$23.01），第1四分位（35.92），中央値（$49.25），第3四分位（$77.39），第9十分位（欠損値）

| 図表 2 - 4 |　全米労働統計局マネジメント職業マーケットペイデータ（全米）

	全職業・マネジャー（全米）	雇用者数（人）	平均時給額	平均年収額
	All Occupations	140,886,310	28.01	58,260
	Management Occupations	8,909,910	59.31	123,370
1	Top Executives	3,229,990	57.94	120,520
2	Chief Executives	200,480	102.41	213,020
3	General and Operations Managers	2,984,920	55.41	115,250
4	Legislators	44,590	*	57,110
5	Advertising, Marketing, Promotions, Public Relations, and Sales Managers	838,050	69.77	145,130
6	Advertising and Promotions Managers	22,520	68.68	142,860
7	Marketing and Sales Managers	732,490	70.48	146,600
8	Marketing Managers	278,690	73.77	153,440
9	Sales Managers	453,800	68.46	142,390
10	Public Relations and Fundraising Managers	83,040	63.85	132,800
11	Public Relations Managers	59,850	66.35	138,000
12	Fundraising Managers	23,190	57.40	119,400
13	Operations Specialties Managers	2,116,020	67.26	139,900
14	Administrative Services and Facilities Managers	325,850	52.69	109,590
15	Administrative Services Managers	224,620	54.34	113,030
16	Facilities Managers	101,230	49.03	101,970
17	Computer and Information Systems Managers	485,190	78.33	162,930
18	Financial Managers	681,070	73.78	153,460
19	Industrial Production Managers	192,270	56.62	117,780
20	Purchasing Managers	69,310	64.71	134,590
21	Transportation, Storage, and Distribution Managers	144,640	50.76	105,580
22	Compensation and Benefits Managers	15,330	67.05	139,470
23	Human Resources Managers	166,530	65.67	136,590

（単位：＄）

第1四分位 （時給）	中央値 （時給）	第3四分位 （時給）	第1四分位 （年収）	中央値 （年収）	第3四分位 （年収）
14.40	22.00	32.98	29,950	45,760	68,590
35.92	49.25	77.39	74,710	102,450	160,960
29.28	47.46	77.18	60,900	98,720	160,540
53.40	86.31	#	111,080	179,520	#
29.18	47.10	72.96	60,690	97,970	151,750
*	*	*	22,880	37,270	78,510
45.74	61.62	85.27	95,140	128,160	177,360
45.20	61.13	82.79	94,020	127,150	172,210
45.93	62.18	89.95	95,530	129,330	187,100
48.08	64.92	92.56	100,010	135,030	192,520
40.60	61.30	83.18	84,450	127,490	173,010
39.37	57.62	78.37	81,880	119,860	163,000
45.51	60.47	79.24	94,660	125,780	164,830
37.10	48.47	72.56	77,170	100,810	150,920
45.99	61.13	79.74	95,660	127,140	165,860
36.85	47.73	62.28	76,650	99,290	129,530
37.05	48.16	63.05	77,070	100,170	131,130
35.91	47.08	60.55	74,700	97,930	125,940
59.05	76.45	95.56	122,820	159,010	198,750
47.89	63.32	92.24	99,620	131,710	191,860
38.55	49.59	64.49	80,190	103,150	134,130
47.46	61.13	78.19	98,720	127,150	162,630
36.20	47.22	60.87	75,290	98,230	126,600
47.46	61.31	78.79	98,720	127,530	163,870
45.82	60.69	78.54	95,310	126,230	163,360

	全職業・マネジャー（全米）	雇用者数（人）	平均時給額	平均年収額
24	Training and Development Managers	35,830	61.92	128,800
25	Other Management Occupations	2,725,860	51.55	107,230
26	Farmers, Ranchers, and Other Agricultural Managers	5,220	37.71	78,440
27	Construction Managers	284,750	52.02	108,210
28	Education and Childcare Administrators	537,100	47.73	99,280
29	Education and Childcare Administrators, Preschool and Daycare	56,430	25.87	53,800
30	Education Administrators, Kindergarten through Secondary	274,710	*	102,650
31	Education Administrators, Postsecondary	155,990	53.49	111,260
32	Education Administrators, All Other	49,970	45.54	94,730
33	Architectural and Engineering Managers	187,100	76.43	158,970
34	Food Service Managers	210,680	30.75	63,970
35	Entertainment and Recreation Managers	21,460	36.75	76,430
36	Gambling Managers	3,660	42.88	89,190
37	Entertainment and Recreation Managers, Except Gambling	17,800	35.48	73,810
38	Lodging Managers	35,920	32.58	67,770
39	Medical and Health Services Managers	436,770	57.61	119,840
40	Natural Sciences Managers	74,760	75.05	156,110

注：＃＝時給$100以上，年収$208,000以上
　　＊＝時給データが収集できない

出所：US Bureau of Labor Statistics "Occupational Employment and Wage Statistics"（2022年5月）

（単位：＄）

第1四分位 （時給）	中央値 （時給）	第3四分位 （時給）	第1四分位 （年収）	中央値 （年収）	第3四分位 （年収）
43.74	57.76	77.65	90,980	120,130	161,520
30.06	46.94	62.41	62,520	97,630	129,820
24.01	35.12	46.40	49,940	73,060	96,520
37.00	47.55	61.11	76,960	98,890	127,110
35.53	45.68	59.91	73,900	95,010	124,620
17.88	22.75	28.85	37,200	47,310	60,010
＊	＊	＊	77,450	98,420	125,520
35.93	46.59	61.55	74,730	96,910	128,020
29.90	43.54	57.40	62,190	90,560	119,400
60.32	73.25	91.55	125,470	152,350	190,420
22.40	28.58	36.60	46,590	59,440	76,130
23.38	30.42	45.29	48,630	63,270	94,210
28.92	36.98	48.16	60,150	76,910	100,170
23.01	29.81	43.69	47,850	62,000	90,870
22.31	28.57	37.27	46,400	59,430	77,510
37.38	48.72	65.26	77,750	101,340	135,750
48.75	66.30	97.55	101,400	137,900	202,910

年収＝第1十分位（$47,860），第1四分位（$74,710），中央値（$102,450），第3四分位（$160,960），第9十分位（欠損値）

◆中央値を基準に年収の高いマネジメント職業（一部抜粋）

コンピュータ・インフォメーションシステムマネジャー（$159,010）

アーキテクチュアル・エンジニアリングマネジャー（$152,350）

ナチュラルサイエンスマネジャー（$137,900）

マーケティングマネジャー（$135,030）

フィナンシャルマネジャー（$131,710）

◆中央値を基準に年収の低いマネジメント職業（一部抜粋）

エデュケーションアドミニストレイター（$47,310）

ロッジング（宿泊）マネジャー（$59,430）

フードサービスマネジャー（$59,440）

エンターテイメント・リクリエーションマネジャー（$63,270）

⑵　米国の州別職業別賃金のマーケットペイ

　州レベルについても全職業とマネジャーについてマーケットペイをみていく。ここで取り上げるのは，カリフォルニア州，ミシガン州，ニューヨーク州，ユタ州の4州である。

◆全職業のマーケットペイ（時給・年収）

◈カリフォルニア州

時給＝第1十分位（$14.32），第1四分位（$16.96），中央値（$23.04），第3四分位（$38.53），第9十分位（$62.71）

年収＝第1十分位（$29,780），第1四分位（$35,280），中央値（$47,920），第3四分位（$80,140），第9十分位（$130,430）

◈ミシガン州

時給＝第1十分位（$11.48），第1四分位（$14.34），中央値（$21.73），第3四分位（$30.22），第9十分位（$47.49）

年収＝第1十分位（$23,880），第1四分位（$29,830），中央値（$45,190），第3四分位（$62,850），第9十分位（$98,780）

◈ニューヨーク州

　時給＝第１十分位（$14.05），第１四分位（$17.59），中央値（$23.46），第３
　四分位（$38.83），第９十分位（$62.16）

　年収＝第１十分位（￥29,220），第１四分位（$36,590），中央値（$48,800），
　第３四分位（$80,760），第９十分位（$129,290）

◈ユタ州

　時給＝第１十分位（$11.22），第１四分位（$14.26），中央値（$18.69），第３
　四分位（$29.61），第９十分位（$47.15）

　年収＝第１十分位（$23,350），第１四分位（$29,650），中央値（$38,860），第
　３四分位（$61,590），第９十分位（$98,700）

◆全マネジメント職業のマーケットペイ

◈カリフォルニア州

　時給＝第１十分位（$28.54），第１四分位（$38.37），中央値（$60.98），第３
　四分位（$84.41），第９十分位（欠損値）

　年収＝第１十分位（$59,360），第１四分位（$79,800），中央値（$126,830），
　第３四分位（$175,570），第９十分位（欠損値）

◈ミシガン州

　時給＝第１十分位（$22.94），第１四分位（$35.64），中央値（$47.76），第３
　四分位（$63.34），第９十分位（$93.42）

　年収＝第１十分位（$47,720），第１四分位（$74,130），中央値（$99,340），第
　３四分位（$131,750），第９十分位（$194,310）

◈ニューヨーク州

　時給＝第１十分位（$29.18），第１四分位（$46.53），中央値（$64.11），第３
　四分位（欠損値），第９十分位（欠損値）

　年収＝第１十分位（￥60,690），第１四分位（$96,780），中央値（$133,350），
　第３四分位（欠損値），第９十分位（欠損値）

◈ユタ州

　時給＝第１十分位（$17.72），第１四分位（$26.38），中央値（$38.54），第３
　四分位（$60.87），第９十分位（$81.08）

　年収＝第１十分位（$36,870），第１四分位（$54,860），中央値（$80,170），第
　３四分位（$126,600），第９十分位（$168,650）。

◆中央値を基準に州別にマネジメント職業の中でマーケットペイの高い職業と低い職業（年収レベル）（抜粋）

◈カリフォルニア州

マーケットペイの高いマネジャーの職業（抜粋）＝チーフエグゼクティブ（$193,350），コンピュータ・インフォメーションマネジャー（$176,870），メディカル・ヘルスサービスマネジャー（$125,910），アーキテクチュアル・エンジニアリングマネジャー（$169,130），マーケティングマネジャー（$164,420）

マーケットペイの低いマネジャーの職業＝プロパティ・リアルエステート・コミュニティアソシエーションマネジャー（$56,840），エデュケーション・チャイルドケアアドミニストレイター（$58,750），フードサービスマネジャー（$59,690），エンターテイメント・リクリエーションマネジャー（$60,360），ロッジングマネジャー（$61,620）

◈ミシガン州

マーケットペイの高いマネジャーの職業（抜粋）＝チーフエグゼクティブ（中央値データなし），アーキテクチュアル・エンジニアリングマネジャー（$128,920），コンピュータ・インフォメーションシステムマネジャー（$128,420），ナチュラルサイエンスマネジャー（$127,520），セールスマネジャー（$126,230），インダストリアルプロダクションマネジャー（$126,100），フィナンシャルマネジャー（$125,770），マーケティングマネジャー（$124,930），トランスポーテーション・ストレジ・ディストリビューションマネジャー（$121,020）

マーケットペイの低いマネジャーの職業（抜粋）＝エデュケーション・チャイルドケアアドミニツトレイター・プレスクール・デイケア（$46,40），プロパティ・リアルエステート・コミュニティアソシエーションマネジャー（$59,180），フードサービスマネジャー（$60,020），エンターテイメント・リクリエーションマネジャー（$60,500），ロッジングマネジャー（$63,130）

◈ニューヨーク州

マーケットペイの高いマネジャーの職業（抜粋）＝チーフエグゼクティブ（中央値のデータなし），フィナンシャルマネジャー（$205,800），コンピュータ・インフォメーションシステムマネジャー（$191,860），セールスマネジャー（$190,290）

マーケットペイの低いマネジャーの職業（抜粋）＝エデュケーション・チャイルドケアアドミニットレイター・プレスクール・デイケア（$60,360），フードサービスマネジャー（$62,280），パーソナルサービスマネジャー（$70,510），ファーマー・ランチャー・アグリカルチャーマネジャー（$73,270），ロッジングマネジャー（$73,520），ソーシャル・リアルエステート・コミュニティアソシエーションマネジャー（$78,130），エンターテイメント・リクリエーションマネジャー（$78,310）

◈ユタ州

マーケットペイの高いマネジャーの職業（抜粋）＝チーフエグゼクティブ（$162,790），コンピュータ・インフォメーションシステムマネジャー（$128,440），アーキテクチュアル・エンジニアリングマネジャー（$126,00）

マーケットペイの低いマネジャーの職業（抜粋）＝エデュケーション・チャイルドケアアドミニストレイター・プレスクール・デイケア（$38,00），プロパティ・リアルエステート・コミュニティアソシエーションマネジャー（$47,310），フードサービスマネジャー（$55,630），エデュケーションアドミニストレイター（$5,850）

| 図表2－5 | 全米労働統計局マネジメント職業マーケットペイ（州別）

全産業・マネジャー（州別）	雇用者数（人）	平均時給額	平均年収額
カリフォルニア州			
All Occupations	16,529,810	32.94	68,510
Management Occupations	1,199,620	68.00	141,440
1　Chief Executives	33,930	110.93	230,730
2　General and Operations Managers	286,030	63.02	131,080
3　Legislators	2,330	*	72,740
4　Advertising and Promotions Managers	3,750	73.31	152,490
5　Marketing Managers	47,350	84.21	175,150
6　Sales Managers	90,390	69.27	144,090
7　Public Relations Managers	7,490	68.61	142,720
8　Fundraising Managers	2,230	62.97	130,970
9　Administrative Services Managers	33,040	55.43	115,290
10　Facilities Managers	14,280	52.69	109,590
11　Computer and Information Systems Managers	92,880	93.03	193,500
12　Financial Managers	99,790	79.91	166,220
13　Industrial Production Managers	23,850	61.63	128,180
14　Purchasing Managers	7,540	69.90	145,390
15　Transportation, Storage, and Distribution Managers	23,420	53.07	110,390
16　Compensation and Benefits Managers	1,890	71.96	149,670
17　Human Resources Managers	24,920	74.25	154,430
18　Training and Development Managers	5,360	70.92	147,520
19　Farmers, Ranchers, and Other Agricultural Managers	1,260	44.03	91,590
20　Construction Managers	34,550	59.06	122,830
21　Education and Childcare Administrators, Preschool and Daycare	8,230	27.98	58,200
22　Education Administrators, Kindergarten through Secondary	23,260	*	128,280

（単位：＄）

第1四分位 （時給）	中央値 （時給）	第3四分位 （時給）	第1四分位 （年収）	中央値 （年収）	第3四分位 （年収）
16.96	23.04	38.53	35,280	47,920	80,140
38.37	60.98	84.41	79,800	126,830	175,570
62.33	92.96	#	129,650	193,350	#
36.94	51.85	79.29	76,830	107,850	164,930
＊	＊	＊	36,400	58,610	97,240
48.02	64.42	86.76	99,880	133,990	180,460
59.30	78.57	#	123,340	163,420	#
38.80	61.54	91.48	80,710	128,000	190,290
47.79	61.61	80.71	99,410	128,160	167,870
39.92	54.77	77.77	83,040	113,930	161,770
37.15	48.19	63.71	77,260	100,240	132,510
36.96	47.91	62.42	76,880	99,640	129,840
65.12	85.03	#	135,460	176,870	#
50.65	75.29	99.83	105,360	156,600	207,640
41.06	57.83	77.38	85,410	120,290	160,960
48.08	63.32	81.01	100,000	131,710	168,490
36.85	47.76	62.27	76,640	99,330	129,510
50.27	65.18	81.63	104,550	135,580	169,790
48.39	66.79	92.12	100,660	138,920	191,620
48.75	63.47	81.78	101,400	132,020	170,110
28.26	40.78	59.66	58,770	84,820	124,090
39.64	56.80	72.99	82,450	118,130	151,810
22.55	28.25	29.32	46,910	58,750	60,980
＊	＊	＊	101,470	126,980	156,220

全産業・マネジャー（州別）		雇用者数（人）	平均時給額	平均年収額
23	Education Administrators, Postsecondary	16,570	62.03	129,030
24	Education Administrators, All Other	＊＊	50.62	105,300
25	Architectural and Engineering Managers	34,550	90.28	187,770
26	Food Service Managers	34,310	30.45	63,340
27	Gambling Managers	550	51.83	107,800
28	Entertainment and Recreation Managers, Except Gambling	4,800	33.52	69,730
29	Lodging Managers	4,300	34.73	72,230
30	Medical and Health Services Managers	50,630	63.55	132,180
31	Natural Sciences Managers	11,260	92.67	192,750
32	Postmasters and Mail Superintendents	710	41.06	85,410
33	Property, Real Estate, and Community Association Managers	44,560	35.34	73,500
34	Social and Community Service Managers	23,080	40.75	84,770
35	Emergency Management Directors	640	54.76	113,900
36	Funeral Home Managers	750	39.40	81,950
37	Personal Service Managers, All Other	3,520	28.25	58,760
38	Managers, All Other	86,870	77.29	160,770

注：＃＝時給$100以上，年収$208,000以上
　　＊＝時給データが収集できない
　　＊＊＝雇用者数データが収集できない

出所：US Bureau of Labor Statistics "Occupational Employment and Wage Statistics"（2022年5月）

（単位：＄）

第1四分位 （時給）	中央値 （時給）	第3四分位 （時給）	第1四分位 （年収）	中央値 （年収）	第3四分位 （年収）
45.86	58.88	77.49	95,400	122,480	161,180
36.44	47.58	61.38	75,800	98,960	127,670
66.15	81.31	#	137,590	169,130	#
22.51	28.70	35.70	46,820	59,690	74,250
36.85	45.64	59.52	76,650	94,940	123,800
23.16	29.02	37.67	48,180	60,360	78,360
23.10	29.63	38.92	48,050	61,620	80,950
38.04	60.53	79.64	79,110	125,910	165,660
62.74	84.38	#	130,510	175,510	#
36.76	40.38	44.65	76,460	83,990	92,870
17.79	27.33	43.18	37,010	56,840	89,820
28.90	36.66	48.33	60,110	76,260	100,530
38.56	49.00	62.07	80,200	101,920	129,110
28.03	37.55	44.47	58,300	78,100	92,490
23.90	29.02	29.02	49,720	60,360	60,360
49.53	72.78	99.22	103,030	151,370	206,370

5-3　個別職業に対するマーケットペイ

　次いで，①個別職業に関する職業情報（「職業の概要」「仕事の環境」「ジョブディスクリプション」「パーソンスペシフィケーション」），②州別・都市別のマーケットペイデータを紹介する。取り上げるのは，(1)チーフエグゼクティブの職業情報（「職業の概要」「仕事の環境」「ジョブディスクリプション」「パーソンスペシフィケーション」），(2)チーフエグゼクティブの州別・都市別のマーケットペイデータ，(3)ヒューマンリソースマネジャーの「職業の概要」と州別・都市別のマーケットペイデータ，(4)コンペンゼーション・ベネフィットマネジャーの「職業の概要」と州別・都市別のマーケットペイデータである。

　まず，チーフエグゼクティブの職業情報からみていく。

(1)　チーフエグゼクティブの職業情報

◆職業の概要

　方針を決定し，取締役会（あるいは類似するガバナンス組織）が設定したガイドライン企業の中で，企業の（あるいは私的・公的セクター組織）の全般的な方向性を示す。部下のエグゼクティブとスタッフマネジャーに指示しながら，最も高いマネジメントレベルのオペレーション活動を計画・実行・調整を行う（以下，仕事の環境，ジョブディスクリプション，パーソンスペシフィケーションの要件については一部抜粋して紹介）。

◆仕事の環境
◈ツール
- デスクトップ計算機
  　　10-key calculators
- デスクトップコンピュータ
  　　Desktop computer
- 高能力移動メディアドライブ
  　　Universal serial bus USB flash drives

◈テクノロジー
- エンタープライズリソースプラニングERPソフトウエア

- アカウンティングソフトウエア
  - Fund accounting software
  - ComputerEase Construction Accounting
  - Sage 50 Accounting
- データベースユーザーインターフェイス・クエリーソフトウエア
  - Databoxs
  - AdSense Tracker
  - Microsoft Access
  - Structured query language SQL
- ヒューマンリソースソフトウエア
  - Halogen e360
  - Halogen ePraisal
  - Human resource information system
  - Infor SSA Human Capital Management

◆ジョブディスクリプション
◉タスク
- オペレーションを実行し，投資を最大化し，効果性を向上させるために組織のフィナンシャル計画を作成あるいは調整する
- 部門の長やマネジャーをアポイントし，彼らに責任をアサインする
- 目的達成，コスト削減，プログラムの向上あるいは施策の変化のために，企業あるいは従業員のパフォーマンスを評価するためにオペレーションを分析する
- 組織の活動，オペレーションの確実な執行，投資効率の最大化，生産性向上のために，組織の施策と目標を設定し，実行する
- 資金調達やプログラム実行を含む予算を策定する
- 取締役や組織メンバーと課題について議論し，活動をコーディネートし，問題を解決する
- 組織や部門の問題解決のため，修正アクションを実行する
- ヒューマンリソースプランや活動に対する承認，ディレクターや他のハイレベルのスタッフ，主要事業所・部門の長を選任する
- 各部門の責任を特定し，部門・事業所間の機能調整を行う

- 取締役，マネジメントコミティや他のガバナンス組織を主宰し，維持する

◆ワークアクティビティ
- 上司・同僚・部下とコミュニケートする
- 意思決定し，問題を解決する
- 情報を収集する
- 組織外の人たちとコミュニケートする
- チームビルディング
- 部下をガイドし，方向性を指示し，モチベートする
- 目標と戦略を開発する
- 人間関係を確立し，維持する
- リソースをモニターし，コントロールする
- データ・情報を分析する

◆詳細なワークアクティビティ
- コンプライアンス順守のため他者にアドバイスする
- オペレーション方法・活動決定のためにデータを分析する
- 法律・規制の変化が与える影響を分析する
- ワークアクティビティ達成のためにメンバーを組織化する
- 情報交換のために外部関係者をコーディネートする
- 管理あるいはサポートサービスを指示する
- 組織オペレーション，プロジェクトあるいはサービスを指示する
- セールス，マーケティングあるいは顧客サービス活動を指示する
- 人的資源活動をマネジする
- スタッフスケジュールあるいはアークアサインメントを準備する
- 従業員あるいは契約者との問題を解決する

◆パーソンスペシフィケーション
◆基本スキル
- 組織の強み・弱みを特定するためのロジックを活用し，課題に対する複数のアプローチや解決策を提示し，結果を予測する
- 情報を効果的に他者に伝える
- 他者がどんな意見をもっているかの理解に集中し，疑問があれば適切に質問し，不適切な時に不適切な解釈を行わない

- 自身と他者のパフォーマンスをアセスメントし，パフォーマンスの向上あるいは適切な修正行動を行う
- 仕事に関連するドキュメントに記載されている文章を正しく理解する

◎ソーシャルスキル
- 他者の行動に合わせて行動を修正する
- 他者の反応に敏感で，なぜ彼らがそのように反応したかを理解する
- 他者の意見や行動を変化させるように説得する

◎複雑な問題解決スキル
- 複雑な問題を特定し，他のオプションを作り出すために関連情報をレビューし，解決策を実行する

◎テクニカルスキル
- ニーズと製品を分析し，新たなデザインを創造するために必要な条件を特定する
- 機械が正確に機能するために関連する指標などに注意を払う
- 設備やシステムのオペレーションをコントロールする
- テストを実施し，品質あるいはパフォーマンスを評価するための製品，サービスあるいはプロセス評価方法を開発する
- ユーザーのニーズに適応するために機器や技術を作り出したり，修正したりする

◎システムスキル
- 複数の選択肢間で相対的なコストとベネフィットを比較し，最も適切な施策を選択する
- どのようにシステムが機能すべきかを決定し，状況やオペレーションに影響を与える環境に応じてシステムをどのように変化させるかを決定する
- システムパフォーマンスを測定・評価方法を特定し，パフォーマンスの向上や正しいパフォーマンスの実行のために必要な活動を行う

◎リソースマネジメントスキル
- 従業員をモチベートし，育成し，正しい方向に導き，仕事に対してもっとも適した人は誰かを特定する
- 効果的な結果をもたらすようにどのように資金を使うかを決定し，適切にアカウンティングを行う
- 自身と他者の時間をマネジする

- 機器や物質の適切な活用を実現する

◆デスクトップコンピュータスキル

- データベース：データベースの作成・編集，データ入力，特定記録の修正，レポート作成などを含む膨大な情報をマネジするためにコンピュータアプリケーションを活用する
- グラフィックス：グラフの作成・修正，バーチャルスライドプレゼンテーションを含むグラフィックプログラムや他のアプリケーションを用いて図を作成する
- ナビゲーション：コンピュータオペレーションシステムに含まれるバーのスクロール，マウスの活用，ダイアログボックスなどを活用する。アプリケーション・ファイル間のアクセス・スイッチができる

(2)　チーフエグゼクティブの全米・州別・都市別のマーケットペイ

　チーフエグゼクティブのマーケットペイについてみていく。取り上げるのは，全米，州別データはカリフォルニア，ニューヨーク，ミシガン，ミネソタ，ユタの5州，都市はサンノゼ・サンタクララ，ニューヨーク，デトロイト，ミネアポリス，ソルトレークの6都市である。全米（年収）では，第1十分位の$62,290から第3四分位と第9十分位の$208,000までかなりの差があり，中央値は$184,460である。規模による賃金の差と思われるが，中央値は第3四分位と第9十分位に近く，規模の非常に小さな企業が第1十分位の賃金レベルに現れているようだ。地域別にみると，第3四分位と第9十分位はすべての地域で全米と同じ賃金レベルとなっており，大企業ではチーフエグゼクティブの賃金レベルに差がないようだ。これに対して第1十分位，第1四分位の規模の小さな企業の場合は，地域差が大きい。州別にみると第1十分位で最も高いのがニューヨーク州（$96,390）で，これにカリフォルニア州（$88,350），ミネソタ州（$88,300）と続き，最も低いのがユタ州（$43,810）である。都市別では，最も高いのがサンノゼ・サンタクララ（$157,430）であり，ニューヨーク（$137,550），デトロイト（$117,940）と続き，最も低いのがソルトレーク（$65,980）である。地域による賃金格差も大きいようだ。特にサンノゼ・サンタクララはシリコンバレーを構成する都市であり，高報酬の都市と考えられる。本結果は，都市によって企業規模が異なることを窺わせる結果である。

図表 2 − 6		チーフエグゼクティブのマーケットペイデータ（2022年5月）				
						（単位：$）
地域	期間	第1十分位	第1四分位	中央値	第3四分位	第9十分位
米国	年収	62,290	112,790	184,460	208,000	208,000
	時給	29.95	54.33	88.68	100.00	100.00
カリフォルニア	年収	88,350	138,740	208,000	208,000	208,000
	時給	42.47	66.70	100.00	100.00	100.00
サンノゼ・サンタクララ*	年収	157,430	195,340	208,000	208,000	208,000
	時給	75.69	93.91	100.00	100.00	100.00
ニューヨーク	年収	96,390	128,710	208,000	208,000	208,000
	時給	46.34	61.88	100.00	100.00	100.00
ニューヨーク*	年収	137,550	191,210	208,000	208,000	208,000
	時給	66.13	93.93	100.00	100.00	100.00
ミシガン	年収	79,350	131,550	208,000	208,000	208,000
	時給	38.15	63.73	100.00	100.00	100.00
デトロイト*	年収	117,940	179,260	208,000	208,000	208,000
	時給	56.70	86.18	100.00	100.00	100.00
ミネソタ	年収	88,300	125,960	177,460	208,000	208,000
	時給	42.45	60.56	85.32	100.00	100.00
ミネアポリス*	年収	88,300	134,430	191,920	208,000	208,000
	時給	43.10	64.63	85.32	100.00	100.00
ユタ	年収	43,810	100,870	153,250	208,000	208,000
	時給	21.06	48.49	73.68	100.00	100.00
ソルトレーク*	年収	65,980	111,810	163,640	208,000	208,000
	時給	31.72	53.76	78.67	100.00	100.00

＊は都市名

(3)　ヒューマンリソースマネジャーの全米・州別・都市別のマーケットペイ

◆職業の概要

　組織の人的資源活動と人員に関する計画，指示，調整を行う。

　ヒューマンリソースマネジャーのマーケットペイについては，全米，州別データはカリフォルニアとテキサスの2州，都市別データはロスアンゼルス・アナハイム，ダラス・フォートワースの4都市である。マーケットペイデータから全米全体の賃金レベルをみると，第1十分位（$68,300），第1四分位（$88,150），中央値（$116,720），第3四分位（$156,560），第9十分位（$205,720）であり，チーフエグゼクティブに比べると賃金レベルの差は小さい。規模による差がチーフエグゼクティブよりも小さく，職種・職業が賃金レベルに対する影響が大きいと思われる。州別に賃金レベルの差をみると，カリフォルニア州では，第1十分位（$79,770），第1四分位（$100,120），中央値（$135,090），第3四分位（$172,130），第9十分位（$208,000）となっており，州レベルでも全米同様に第1十分位と中央値の差が小さい。第9十分位はチーフエグゼクティブと同じ$208,000であり，一部の企業で高報酬を支払っているようだ。これはロサンゼルス・アナハイムでも同様である。地域別の比較では，州レベルではカリフォルニア州のほうがテキサス州よりやや高く，都市レベルではロサンゼルス・アナハイムのほうがダラス・フォートワースよりもやや高い。

地域	期間	第1十分位	第1四分位	中央値	第3四分位	第9十分位
米国	年収	68,300	88,150	116,720	156,560	205,720
	時給	21.84	52.38	56.11	75.27	98.90
カリフォルニア	年収	79,770	100,120	135,090	172,130	208,000
	時給	38.35	48.14	64.95	82.75	100.00
ロサンゼルス・アナハイム*	年収	81,140	99,020	133,130	165,860	208,000
	時給	39.01	47.61	64.01	79.74	100.00
テキサス	年収	71,400	90,260	117,920	152,160	192,350
	時給	34.33	43.40	56.69	73.16	92.48
ダラス・フォートワース*	年収	81,840	100,090	125,930	155,700	190,040
	時給	39.35	48.12	60.54	84.89	92.33

図表2－7　ヒューマンリソースマネジャーのマーケットペイデータ（2022年5月）（単位：＄）

＊は都市名

6　マーケットペイの具体例—企業グループ実施のサラリーサーベイ

　2番目が，企業グループ実施のマーケットペイデータの例である。例として紹介するのは，クラークコンサルティング社レベル1エンジニアのマーケットデータである（第1章で紹介したジョブクラシフィケーションによる職務評価の例のレベル1エンジニア）。

●レベル1エンジニアのBrief Job Description・Brief Person Specification
　ソフトウエアプログラムの開発・テスト・ドキュメンテーションへの参加。プロジェクトチームメンバーとして，デザインと分析を行う。
　典型的なミニマムリクアイメント（最低要求条件）は，科学・技術分野（science or technical field）で大学卒業以上の学位あるいは科学・技術（あるいは相当）分野で2年までの経験。

┃図表２－８┃　個人のサラリーデータ（一部抜粋）　（単位：＄）

職務	基本給	ボーナス	トータルキャッシュ	ストックオプション	ベネフィット	報酬全体
エンジニア１			該当社員数：585人			
企業１（13人）						
エンジニア１	79,000	500	79,500	0	8,251	87,751
エンジニア１	65,500	2,500	68,000	0	8,251	76,251
エンジニア１	65,000	0	65,000	0	8,251	73,251
エンジニア１	58,000	4,000	62,000	0	8,251	70,251
エンジニア１	57,930	3,000	60,930	0	8,251	69,181
エンジニア１	57,200	2,000	59,200	0	8,251	67,451
エンジニア１	56,000	1,100	57,100	0	8,251	65,351
エンジニア１	54,000	0	54,000	0	8,251	62,251
エンジニア１	52,500	0	52,500	0	8,251	60,751
エンジニア１	51,500	1,500	53,000	0	8,251	61,251
エンジニア１	49,000	3,300	52,300	0	8,251	60,651
エンジニア１	48,500	0	48,500	0	8,251	56,751
エンジニア１	36,500	0	36,500	0	8,251	44,751
企業２（13人中３人を記載）						
エンジニア１	57,598	0	57,598	28,889	8,518	95,044
エンジニア１	57,000	0	57,000	31,815	8,518	97,332
エンジニア１	55,000	0	55,000	20,110	8,518	83,618

┃図表 2 − 9 ┃　企業別データ（一部抜粋）　　　　（単位：$）

人数		基本給	ボーナス	トータルキャッシュ	ストックオプション	ベネフィット	報酬全体
企業1							
13人	平均	56,202	1,376	57,579	0	8,250	65,830
	最低	36,500	0	36,500	0	8,250	44,750
	最高	79,000	4,000	83,500	0	8,250	91,250
企業2							
13人	平均	52,764	1,473	54,238	21,068	8,517	83,824
	最低	47,376	0	50,038	4,878	8,517	65,416
	最高	59,598	3,716	58,494	31,814	8,517	97,332
企業4							
2人	平均	55,510	0	55,510	0	9,692	65,202
	最低	55,016	0	55,016	0	9,692	64,708
	最高	56,004	0	56,004	0	9,692	65,696
企業8							
14人	平均	54,246	4,247	58,493	0	7,204	65,697
	最低	45,000	860	48,448	0	7,204	55,363
	最高	62,000	8,394	68,200	0	7,204	75,404
企業12							
35人	平均	50,459	1,123	51,582	1,760	7,693	61,035
	最低	42,000	0	43,092	0	7,693	52,606
	最高	64,265	1,670	65,935	9,076	7,693	73,629
企業13							
5人	平均	48,700	400	49,100	2,050	8,001	59,152
	最低	45,456	0	45,456	0	8,001	53,458
	最高	54,912	2,000	54,912	8,506	8,001	66,507
企業14							
10人	平均	44,462	863	45,325	0	7,337	52,662
	最低	37,440	372	37,812	0	7,337	45,149
	最高	47,832	1,197	49,029	0	7,337	56,366

企業15							
71人	平均	49,685	8,253	57,939	1,762	8,404	68,106
	最低	44,900	0	49,022	0	8,404	57,426
	最高	57,300	14,132	68,357	63,639	8,404	125,471
企業51							
4人	平均	46,193	1,399	47,593	41,954	7,640	97,189
	最低	42,375	0	44,988	20,518	7,640	75,159
	最高	48,400	2,985	51,385	74,453	7,640	133,479
企業57							
226人	平均	44,091	1,262	45,354	0	6,812	52,165
	最低	38,064	0	39,372	0	6,812	46,184
	最高	60,476	2,179	62,655	0	6,812	69,467
企業58							
107人	平均	44,107	1,367	45,474	0	6,770	52,244
	最低	36,156	0	37,569	0	6,770	44,339
	最高	57,800	2,147	58,913	0	6,770	65,683
企業59							
71人	平均	44,913	1,152	44,066	0	6,812	52,878
	最低	39,156	407	40,473	0	6,812	47,285
	最高	57,000	1,639	57,913	0	6,812	64,219

｜図表2－10｜　エンジニア1に関するサマリーデータ

基本給		トータルキャッシュ		総報酬		ボーナス	ストックオプション
加重平均	$46,085	加重平均	$48,289	加重平均	$56,917	平均　　$2,370	平均　　$16,920
平均	$49,092	平均	$50,940	平均	$65,524	基本給の5%	基本給の34%
中央値	$45,000	中央値	$46,422	中央値	$53,271	支給された社員	支給された社員
第1四分位	$42,000	第1四分位	$43,769	第1四分位	$50,593	の割合＝92%	の割合＝8%
第3四分位	$48,500	第3四分位	$51,854	第3四分位	$60,750		

出所：Newman, J. M., Gerhart, B. & Milkovich, G. T. (2014) *Compensation (12th ed.)*, Mc-
　　Graw-Hill；Newman, J. M. & Gerhart, B. (2020) *Compensation (13th ed.)*, McGraw-Hill.
　　を基に作成

7　キャリア開発に直結したマーケットペイ　マーケットペイデータの具体例
―コンサルティング会社など専門機関実施のサラリーサーベイ

　３番目が，コンサルティング会社など専門機関実施のサラリーサーベイによって収集されるマーケットペイデータである。すでに「マーケットプライシングによる賃金決定方法」でクラブサーベイ方式（企業グループ実施＋専門機関実施）のマーケットサラリーサーベイに参加してマーケットペイを収集する一般的な方法を紹介している。

　ここで重要なのは，マーケットプライシング方式が普及してくると，サラリーサーベイ専門機関ではマーケットプライシング方式に適応した形に，マーケットペイデータの提供方法を変えている。具体的には，キャリア開発に直結した形でマーケットペイデータを提供するというものだ。ここでは，マーケットプライシング型賃金決定方法に対応したマーケットサラリーサーベイの方法を，①サーベイ参加企業のマーケットペイ収集方法，②サーベイ参加企業に提供されるマーケットペイデータ，の２つの側面から紹介する。

◆**重要事項：マーケットプライシングが普及すると，マーケットペイはキャリア開発に直結したものとなる。**

7-1　サラリーサーベイ参加企業のマーケットペイ収集方法

　最初に，マーケットサラリーサーベイ参加方法についてである。例として取り上げるのは，イギリスで実施された「エグゼクティブサラリーサーベイ」である。「エグゼクティブサーベイ参加ガイド」は，「セッションⅠ：サーベイ対象ジョブとポジション記述」と「セッションⅡ：現職者データ」に大別される。両方とも社員各人に配布される。「セッションⅠ：サーベイ対象ジョブとポジションディスクリプション」には，サーベイ対象のジョブタイトルと各ジョブタイトルに対するポジションディスクリプション（簡単にジョブの内容を記述したもの）が記載されている。たとえば，「30　エグゼクティブオフィサー」ならば，「収益と企業の成長に対して責任をもち，会社のすべての活動について取締役会に対する直接責任をもつ」，「50　ファイナンスディレクター」なら

ば「ファイナンスコントロールの確立・維持，フィナンシャルレポートの準備・解釈，会社資産の保持を含む組織のフィナンシャルプランとポリシーに責任をもつ。アカウンティングに関するポリシーとコントロールを開発・維持する。ITなど他の重要なスタッフ機能に対して責任を有する場合には，ジョブマッチ＋となる。200万ポンド以上の売り上げ規模をもつ会社全体あるいは主要な事業部，子会社からレポートを受ける場合が多い」である。サラリーサーベイに回答する社員たちは，ポジションディスクリプションの中から，現在の自分のジョブに近いポジションディスクリプションを選択する。

◆トップエグゼクティブ報酬サーベイ参加ガイド
◈セッション｜：サーベイ対象ジョブとポジションディスクリプション（一部抜粋）

ジョブコード	ジョブタイトル
10	Chairman　チェアマン
20	Deputy Chairman　デュプティチェアマン（副会長）
30	Chief Executive Officer　チーフエグゼクティブオフィサー
35	Chief Operating Officer　チーフオペレーティングオフィサー
40	Profit Centre Head　プロフィットセンターヘッド
60	Treasurer　トレジュラー（財務部長）
80	Human Resource Director　ヒューマンリソースディレクター
86	Head of Compensation & Benefit　ヘッドオブコンペンゼーション・ベネフィット
110	Corporate Affairs Director　コーポレートアフェアーズディレクター（総務部長）
120	Corporate Planning/Development Executive　コーポレートプラニング・デベロプメントエグゼクティブ
130	Head of Information Technology　ヘッドオブインフォメーションテクノロジー
141	Top Property Executive　トッププロパティエグゼクティブ
161	Top Marketing and Sales Executive　トップマーケティング・セールスエグゼクティブ
175	Head of Logistics/Distribution　ヘッドオブロジステクス・ディストリ

　　　ビューション
240　　Merchandising Director　マーチャンダイジングディレクター（商品計
　　　画部長）

ノンエグゼクティブ（非常勤・社外兼任）

180　　Chairman　チェアマン
190　　Deputy Chairman　デュプティチェアマン（副会長）
200　　Non-Executive Director　ノンーエグゼクティブディレクター（社外取
　　　締役）

◆ポジションディスクリプション（一部抜粋）
10　Chairman　チェアマン
　シニアエグゼクティブチームとともに，ビジネスの戦略的方向性と取締役会
のオペレーションに対する全体的な管理と調整を行う。パートタイムあるいは
ノンエグゼクティブ（非常勤）の場合は，セクションⅣ（ノンエグゼクティ
ブデータ）のジョブ180を参照。

20　Deputy Chairman　デュプティチェアマン（副会長）
　チェアマンあるいはCEO（チーフエグゼクティブオフィサー）によって任
命された特定分野を担当する。一般的にはラインマネジメントではなくスタッ
フの役割を担う。損益責任のない場合には，プロフィットセンターヘッド（ジョ
ブ40）にレポートする。

35　Chief Operating Officer　チーフオペレーティングオフィサー
　チーフエグゼクティブオフィサーの指示の下，企業のラインオペレーション
を対象とした収益に責任をもつ。すべての経営機能（リーガル，ファイナンス，
ヒューマンリソースなど）からレポートされる場合には，ジョブマッチ＋とな
る。

50　Finance Director　ファイナンスディレクター
　ファイナンスコントロールの確立・維持，フィナンシャルレポートの準備・

解釈，会社資産の保持を含む組織のフィナンシャルプランとポリシーに対する
責任をもつ。アカウンティングに関するポリシーとコントロールを開発・維持
する。ITなど他の重要なスタッフ機能に対して責任を有する場合には，ジョ
ブマッチ＋となる。200万ポンド以上の売上高規模をもつ会社全体あるいは主
要な事業部，子会社からレポートを受ける場合が多い。

80　Human Resource Director　ヒューマンリソースディレクター

　ヒューマンリソースに関するポリシーとプログラムのデザインと実施に対し
て責任をもつ。200万ポンド以上の売上高規模をもつ会社全体あるいは主要な
事業部，子会社からレポートを受ける場合が多い。本ポジションは一般的には
企業のセグメント内のポリシーの実施と管理に関する責任をもつ。

110　Corporate Affairs Director　コーポレートアフェアーズディレクター
　　　（総務部長）

　外部関係者・内部関係者とのコミュニケーションに対して責任をもつ。組織
とメディア，政府，従業員，外部関係者との関係をマネジするための戦略の開
発・実施に責任をもつ。

130　Head of Information Technology　ヘッドオブインフォメーションテ
　　　クノロジー

　組織のインフォメーションテクノロジーに対して責任をもつ。組織のニーズ
とゴールに合ったインフォメーション戦略全般を開発し，インフォメーション
システムの統合に必要なソフトウエアとハードウエアを特定する。システムの
デザイン，アプリケーション，システムプログラミング，データベースマネジ
メント，テレコミュニケーション，データプロセッシングなどの活動を指示・
コントロールする。本ポジションは，200万ポンド以上の売上高規模をもつ会
社全体あるいは主要な事業部，子会社からレポートを受ける場合が多い。

170　R&D Technical Director R&D　テクニカルディレクター

　新しい製品，プロセス，手続きの開発（あるいは製品，プロセス，手続きの
改良）を目的とする研究のデザインと実施に責任をもつ。マーケティング，セー
ルス，製造とともに，研究・開発戦略を作り出す。基礎研究と応用研究の両方

に責任をもつ。本ポジションは，200万ポンド以上の売上高規模をもつ会社全体あるいは主要な事業部，子会社からレポートを受ける場合が多い。

230　Retail Operations Director　リテールオペレーションディレクター

　効果的なストアオペレーションに責任をもつ。セールスとコストの両方に対する予算達成とともに，カスタマーサービスの好ましいレベル達成を促進する。新ストアの選択，商品計画，資本割当に貢献する。ストア開発や再構築など海外の主要なオペレーション活動を行う。本ポジションは，200万ポンド以上の売上高規模をもつ会社全体あるいは主要な事業部，子会社からレポートを受ける場合が多い。

◈セクションⅡ―現職者データ（記入方法の説明）

　セクションⅡのデータは現在ジョブを担当している現職者が記入してください。現職者の方は付録にあるジョブリストからご自身のジョブにマッチしているジョブを選んでください。

- 以前にもサーベイに回答していて現在でも同じジョブを担当している方は，データ変更があった部分についてアップデートした情報を記入してください。データに変更がない部分はデータ欄をクリックしてください。
- 以前にもサーベイに回答していてその後ジョブが変更している方は，新たなポジションタイトルとジョブコードに変更してください。所属部門が変わっている場合には，所属部門も変更してください。データ変更のある部分はアップデートした情報を記入し，データ変更のない部分はデータ欄をクリックしてください。
- 初めてサーベイに回答する方は，本シートのすべての質問に回答してください。
- 以前にサーベイに回答していてもう回答したくない方は，取り消し線を書いてください。

| 年次ペイデータ |

| 現職者のレポート先 | 現職者の直属上司のイニシャル |
| 基本給 | 海外赴任者は海外赴任手当を含む。 |

最新のレビュー時期 （月・年）	昇給したか否かに関わらず最近ペイレビューが行われた時期（月・年），あるいは本ポジションに就いた時期
基本給昇給率（％）	過去12か月間における基本給昇給率。現職者が本ポジションに最近就いた，あるいは職責変化に伴う昇給，あるいは昇進による昇給の場合にはダッシュを入れてください。
エグゼクティブボーナス （Yes，No）	すべての従業員スキームではなく，エグゼクティブボーナスのみを対象としている。
実際に受け取ったボーナス額	過去12か月で実際に受け取ったボーナス額 全ボーナス期間の対象者となっていない場合には，ダッシュを入れてください。 ボーナス対象者ではあるが，何かの理由でボーナスを受け取っていない場合には，0と記入してください。
ターゲットボーナス（％）	ターゲットボーナスとして支払われた額の基本給に対するパーセント，現在実施されているエグゼクティブボーナスに対する予算あるいは期待されているパフォーマンス
最大ボーナス（％）	現在実施されているエグゼクティブボーナスの基本給に対する最大パーセント
その他の現金支給スキーム	現金支給の手当，全従業員対象のボーナス，プロフィットシェアリング，年金補助などさまざまな現金支給スキーム
他の現金スキーム	他の現金スキームをもっている場合には，それを記載してください。

現職者データ

生まれた年
採用された年
現ポジションにアサインされた年

```
ジョブインパクトデータ
```

ボードメンバー（0-4）　以下の基準でレベルを選んでください

- 社外取締役　　　　　　　　　　　　　　　　0
- メインボード　　　　　　　　　　　　　　　1
- コーポレートエグゼクティブコミッティー　　2
- 子会社ボード　　　　　　　　　　　　　　　3
- 子会社エグゼクティブコミッティー　　　　　4

レポートレベル（1-4）　以下の基準でレベルを選んでください

- 会長・副会長・チーフエグゼクティブ　　　　1
- レベル1にレポートするエグゼクティブ　　　2
- レベル2にレポート　　　　　　　　　　　　3
- レベル3にレポート　　　　　　　　　　　　4

現職者にレポートする部下の数　　現職者に直接あるいは間接的にレポートする部下の数

例）ジェネラルマネジャーの場合は，ビジネスに係るすべての従業員，経営機能のヘッドの場合は，その機能に係る従業員

国際的責任レベル（0-3）　現職者の職責のうち，海外におけるマネジメント責任の割合

- 海外の責任は負っていない　　　　　　　　　0
- 20％以下　　　　　　　　　　　　　　　　1
- 20％〜50％　　　　　　　　　　　　　　　2
- 50％以上　　　　　　　　　　　　　　　　3

ジョブマッチ度合い（+/=/-）　選択したジョブに対して担当ジョブが基準よりも大きい場合（+）と，小さい場合（-）は，ジョブマッチコメント欄に記入してください。

```
長期インセンティブ
```

ストックオプションの対象か（Yes, No）　実施されているすべてのストックオプションについて対象かどうかを記載してください

ポリシーA　　　　ストックオプション内容を記載してください

最大オプション権 （基本給の倍数で記載）	最大ストックオプション権を記載してください
最大値になる年	オプションが最大になる年数を記載してください
据え置きオプションの対象か （Yes，No）	据え置きオプションの対象かどうかを記載してください
ポリシーB	上限の内年次ストックオプション内容を記載してください
年次オプションターゲット	基本給の倍数で記載してください
最近のストックオプション	最近のストックオプション権を得た日付，株の数，オプションプライス
長期キャッシュインセンティブの対象か（Yes，No）	オプション内容を記載してください。
条件付きインセンティブの最大額	条件付きインセンティブの最大額を基本給の倍数で記載してください。
最近決定されたインセンティブ額	ゼロの場合，据え置きとなり将来のインセンティブの場合もあります。
据え置きボーナスの対象か （Yes，No）	据え置きボーナス内容を記載してください。

現職者データ（記入フォーム）

企業名
ジョブ
タイトル
所属部門
レポート先は誰か（イニシャル）

年次ペイデータ

基本給　□
最新のレビュー時期（月・年）　□
基本給昇給率（％）　□
ボーナス対象者か（Yes，No）　□
実際に受け取ったボーナス額　□
ターゲットボーナス（％）　□
最低ボーナス（％）　□
その他現金インセンティブ額　□
その他現金インセンティブタイプ　□

現職者データ

生まれた年　□
採用された年　□
現ポジションにアサインされた年　□

ジョブインパクトデータ

ボードメンバー（0－4）
レポートレベル（1－4）
現職者にレポートする部下の数
国際的責任レベル（0－3）
ジョブマッチ度合い（＋/＝/－）：
＋あるいは－の場合は次ページのコメント欄にコメントしてください。

現職者データ　　　　　　　　　　レポート先は誰か（イニシャル）

　企業名
　ジョブ
　タイトル
　所属部門

ジョブマッチコメント：

ストックオプションの対象か　　　　　　　　　　　　［　　　　］

　ポリシーA
　　最大ストックオプション権（基本給の倍数で記載）［　　　　］
　　最大値になる年　　　　　　　　　　　　　　　　［　　　　］
　　代替助成金があるか（Yes，No）　　　　　　　　 ［　　　　］

　ポリシーB
　　年次ストックポリシーターゲット
　　（基本給の倍数で記載）　　　　　　　　　　　　［　　　　］

最近のストックオプションについて
　　　　　　　　　　　　　　　　　　日付　ストックオプ　オプションの
　　　　　　　　　　　　　　　　　　　　　ションの数　　額
　　　　　　　　　　　　　　　　　［　　］［　　］［　　］

長期キャッシュインセンティブの対象か（Yes，No）　［　　　　］
　条件付きインセンティブの最大額（基本給に対する％）［　　　　］
　条最近決定されたインセンティブの額　　　　　　　［　　　　］

据え置きボーナスの対象か（Yes，No）　　　　　　　［　　　　］
　実際に受け取った据え置きボーナス額　　　　　　　［　　　　］

7−2　サラリーサーベイ結果―ジョブファミリー・サブジョブファミリー別のキャリアパスとマーケットペイが連動

　サーベイ参加企業は以上のようにして収集したマーケットペイデータをサラリーサーベイ実施機関に送る。サーベイ実施機関はサーベイ参加企業から得たマーケットペイデータを基にサラリーサーベイ結果を作成し，サーベイ参加企業に結果を送る（現在は，デジタル版が普及）。ここまでは従来の職務評価付きマーケットペイデータと同じであるが，マーケットプライシングが普及してくると，マーケットペイデータのデータ加工方法が変わってくる。具体的には，ジョブファミリー別・サブジョブファミリー別のキャリアパスと連動した形で個別ジョブに対するマーケットペイの提供への変化である。これにより，マーケットペイの収集によって，各ジョブの担当者のキャリアパスを具体的に把握できるものとなった。

　本書では，マーケットプライシングに対応したジョブファミリー・サブジョブファミリーのキャリアパスに連動させてマーケットペイを提供する具体例として，イギリスで実施された「テレコムサラリーサーベイ」と「ハイテク産業サラリーサーベイ」の2つのサラリーサーベイを取り上げる。ジョブファミリー・サブジョブファミリー別のキャリアパスの提示方法や個別ジョブのマーケットペイの提示方法は1つではなく，いくつかのタイプがある。「テレコムサラリーサーベイ」と「ハイテク産業サラリーサーベイ」はキャリアマップ提示方法・マーケットペイ提示方法ともに異なっており，多様なサラリーサーベイの提供方法の一端をご紹介できればと思い，2つのサラリーサーベイを取り上げる。なお，本書で紹介するのは，両サラリーサーベイともにサーベイ参加企業に提供されたサラリーサーベイ結果の一部である。

(1)　テレコムサラリーサーベイ

　テレコムサラリーサーベイは，テレコムビジネスを行う39社が参加されて実施されたものである。テレコムサラリーサーベイでは，ジョブファミリー・サブジョブファミリー別に設定したキャリアレベルと個々のジョブを連動させている。連動方法を以下にみていく。

①　ジョブファミリー・サブジョブファミリー別のキャリアレベルと個別ジョブを連動

　最初に紹介するのが，ビジネスサポート＆サービス，プロダクション＆オペレーション，クライアントテクニカルサポート，コーポレート＆エンジニアリング，クライアントマネジメント，スーパーバイザー/マネジメントの6つのジョブファミリーからなるジョブファミリー別キャリアマップである（**図表2 −11**）。スーパーバイザー/マネジメント・ジョブファミリーに含まれるのは，他の5つのジョブファミリーの中でピープルマネジメントに責任を有するライン管理者である。たとえば，クライアントマネジメント・ジョブファミリーに属していて，ピープルマネジメントに責任をもっているライン管理者は，スーパーバイザー/マネジメント・ジョブファミリーに属することとなる。

　図表2 −12にクライアントマネジメント・ジョブファミリーのマーケットペイデータを示した（一部抜粋）。クライアントマネジメント・ジョブファミリーは，Complex Sales & Account Management（AM），Bid Management（BM），Account Management/Contract Delivery（CD），Service & Contract Delivery（CR），Sales（SS）の5つのサブジョブファミリーからなっている。

▎図表2 −11 ▎　ジョブファミリー別キャリアマップ

以下のスーパーバイザー/マネジメント・ポジションに該当するとみなすためには，採用，解雇，パフォーマンスレビュー，ペイレビューを含むピープル・マネジメントに対する責任を有する必要がある。特定のタスクやプロジェクトに対してピープル・マネジメントの責任者となっているチームリーダーやプロジェクトリーダーは，個人コントリビューターとなる。

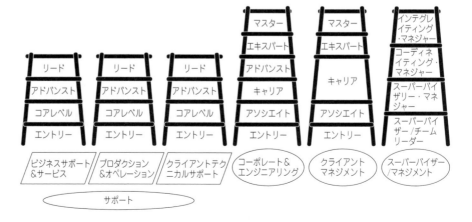

　次いで，**図表２−12**のジョブタイトル２〜８段目のInternational Account/Partner Managerを対象に，マーケットサラリーサーベイ結果一覧表のキャリアレベル部分（**図表２−12**左側に記載されている「サブジョブファミリー〜キャリアレベル・ディスクリプション」）について，マーケットペイデータの中身をみていく。１番左側のサブジョブファミリーコードはAM，サブジョブファミリーネームはComplex Sales & Account Management，ジョブタイトルはInternational Account/Partner Manager，キャリアレベルとキャリアディスクリプションはジョブファミリー別キャリアマップ（**図表２−11**）と対応している。International Account/Partner Managerのジョブタイトルの中で，個人コントリビューターのジョブファミリーであるクライアントマネジメント・ジョブファミリーのS2（アソシエイト）〜S5（マスター）と，ピープルマネジメントに責任をもつライン管理者のジョブファミリーであるスーパーバイザー/マネジメント・ジョブファミリーのM２（スーパーバイザリー・マネジャー）〜M4（インテグレーティング・マネジャー）までのキャリアレベルが含まれている。

　以上のように，同じInternational Account/Partner Managerが，ジョブファミリー別キャリアマップ中に５つのレベルが含まれている。どのように５つのレベルに分けているのか。

　キャリアレベルの決定基準は，クライアントマネジメント・ジョブファミリーとスーパーバイザー/マネジメント・ジョブファミリーのキャリアレベル別のジョブ内容と人的要件に基づいている（**図表２−13，14**）。クライアントマネジメント・ジョブファミリーは，「ジェネラル・プロファイル」「技術的専門性」「顧客・ビジネスへの対応」「解決方法の策定・実施」「人間関係」の５つの分野にキャリアレベル別のジョブ内容と人的要件が示されている（本書では「ジェネラルプロファイル」「技術的専門性」を記載）。この基準に基づいて，個人コントリビューターの社員個々人は，担当ジョブが該当するキャリアレベルに格付けられる。ライン管理者は，クライアントマネジメント・ジョブファミリーのキャリアレベルの基準と，スーパーバイザー/マネジメント・ジョブファミリーの「ジェネラルプロファイル」に関するキャリアレベルの基準の双方に当てはめて，個々のライン管理者が担当するジョブが該当するスーパーバイザー/マネジメントのキャリアレベルに格付けられる。

　加えて参照となるのは，サブジョブファミリー別に特定された「簡易ディス

│図表2−12│　テレコムサラリーサーベイ　ジョブファミリー：クライアント

サブジョブ ファミリー コード	サブジョブファミリーネーム	ジョブタイトル	キャリア レベル	キャリアレベル・ ディスクリプション	参加 企業 数
AM	ComplexSales & Account Management	Outsourcing/Facilities Management	S5	Master	3
AM	ComplexSales & Account Management	International Account/ Partner Manager	M2	Supervisory Manager	3
AM	ComplexSales & Account Management	International Account/ Partner Manager	M3	Coordinating Manager	3
AM	ComplexSales & Account Management	International Account/ Partner Manager	M4	Integrating Manager	4
AM	ComplexSales & Account Management	International Account/ Partner Manager	S2	Associate/Developing	3
AM	ComplexSales & Account Management	International Account/ Partner Manager	S3	Career	8
AM	ComplexSales & Account Management	International Account/ Partner Manager	S4	Lead/Specialist/ Senior/Expert	11
AM	ComplexSales & Account Management	International Account/ Partner Manager	S5	Master	7
AM	ComplexSales & Account Management	Systems & Solutions	M2	Supervisory Manager	4
AM	ComplexSales & Account Management	Systems & Solutions	M3	Coordinating Manager	10
AM	ComplexSales & Account Management	Systems & Solutions	M4	Integrating Manager	11
AM	ComplexSales & Account Management	Systems & Solutions	S1	Entry	5
AM	ComplexSales & Account Management	Systems & Solutions	S2	Associate/Developing	9
AM	ComplexSales & Account Management	Systems & Solutions	S3	Career	19
AM	ComplexSales & Account Management	Systems & Solutions	S4	Lead/Specialist/ Senior/Expert	22
AM	ComplexSales & Account Management	Systems & Solutions	S5	Master	13
AM	ComplexSales & Account Management	Complex Sales & Account Generic Manager	M4	Integrating Manager	5
BM	Bid Management	Bid Management	M2	Supervisory Manager	3
BM	Bid Management	Bid Management	S1	Entry	3

マネジメント

(単位：£)

参加従業員数	カンパニーカー対象かどうか (Y=Yes)	カンパニーカーなしの基本給			カンパニーカーつきの基本給			カンパニーカーなしのトータルキャッシュパッケージ		
		基本給第1四分位	基本給中央値	基本給第3四分位	基本給第1四分位	基本給中央値	基本給第3四分位	目標トータルキャッシュ第1四分位	目標トータルキャッシュ中央値	目標トータルキャッシュ第3四分位
47	Y	n/a	75,245	n/a	n/a	84,651	n/a	n/a	134,312	n/a
4	Y	n/a	63,120	n/a	n/a	71,010	n/a	n/a	77,739	n/a
3	Y	n/a	77,375	n/a	n/a	87,047	n/a	n/a	132,803	n/a
6	Y	n/a	105,405	n/a	n/a	118,581	n/a	n/a	140,444	n/a
15	Y	n/a	45,457	n/a	n/a	51,139	n/a	n/a	62,591	n/a
27	Y	49,349	44,607	81,943	55,518	65,238	70,912	68,461	83,825	151,819.46
32	Y	47,341	76,668	111,381	69,237	86,251	96,387	93,881	100,952	161,623.15
27	Y	47,998	70,803	154,613	70,197	79,654	133,800	94,660	117,958	216,054.67
28	Y	n/a	49,469	n/a	n/a	72,349	n/a	n/a	n/a	n/a
42	Y	63,661	74,487	119,718	71,618	83,798	103,602	102,668	114,910	214,614.79
23	Y	76,991.2	78,131	140,921	86,615	114,266	121,950	128,967	150,881	225,255.03
12	Y	27,459	33,982	38,034	30,891	38,230	42,788	n/a	44,026	n/a
28	Y	36,941	41,922	46,535	41,558	47,163	52,352	44,105	63,246	98,685.86
157	Y	48,233	53,697	64,175	54,261	60,408	72,197	69,277	87,419	144,206.01
230	Y	62,232	62,339	76,406	59,627	70,131	85,957	91,153	105,697	154,829.35
73	Y	51,067	73,763	95,911	74,685	82,984	107,900	90,604	126,151	205,272.47
27	Y	92,565	98,309	115,661	104,137	110,598	127,193	n/a	136,361	n/a
7	Y	n/a	50,231	n/a	n/a	73,463	n/a	n/a	n/a	n/a
3	N	n/a	22,911	n/a	n/a	n/a	n/a	n/a	23,212	n/a

サブジョブ ファミリー コード	サブジョブファミリーネーム	ジョブタイトル	キャリア レベル	キャリアレベル・ ディスクリプション	参加 企業 数
BM	Bid Management	Bid Management	S2	Associate/Developing	8
BM	Bid Management	Bid Management	S3	Career	10
BM	Bid Management	Bid Management	S4	Lead/Specialist/ Senior/Expert	9
BM	Bid Management	Bid Management	S5	Master	6
CD	Account Manafement/Contract Delivery	Availability Services	M3	Coordinating Manager	3
CD	Account Manafement/Contract Delivery	Availability Services	S2	Associate/Developing	7
CD	Account Manafement/Contract Delivery	Availability Services	S3	Career	5
CD	Account Manafement/Contract Delivery	Prouducts/Packaged Service	M3	Coordinating Manager	3
CD	Account Manafement/Contract Delivery	Prouducts/Packaged Service	S1	Entry	3
CD	Account Manafement/Contract Delivery	Prouducts/Packaged Service	S2	Associate/Developing	5
CD	Account Manafement/Contract Delivery	Prouducts/Packaged Service	S3	Career	9
CD	Account Manafement/Contract Delivery	Prouducts/Packaged Service	S4	Lead/Specialist/ Senior/Expert	8
CD	Account Manafement/Contract Delivery	Prouducts/Packaged Service	S5	Master	4
CD	Account Manafement/Contract Delivery	Account Management Geneic Manager	M4	Integrating Manager	3

（単位：£）

参加従業員数	カンパニーカー対象かどうか（Y=Yes）	カンパニーカーなしの基本給			カンパニーカーつきの基本給			カンパニーカーなしのトータルキャッシュパッケージ		
		基本給第1四分位	基本給中央値	基本給第3四分位	基本給第1四分位	基本給中央値	基本給第3四分位	目標トータルキャッシュ第1四分位	目標トータルキャッシュ中央値	目標トータルキャッシュ第3四分位
42	N	29,141	30,833	42,288	n/a	n/a	n/a	31,165	34,013	65,092.04
61	Y	47,762	51,769	60,184	53,733	58,240	67,707	53,309	55,145	83,352.49
45	Y	52,182	60,856	70,901	58,705	68,463	79,763	66,893	67,237	106,505.49
7	Y	62,693	74,672	105,165	70,529	84,006	118,310	79,879	107,494	175,075.55
4	Y	n/a	63,796	n/a	n/a	71,770	n/a	n/a	68,397	n/a
37	N	35,959	39,116	44,532	n/a	n/a	n/a	39,116	40,843	70,623.41
61	Y	35,806	54,171	59,129	52,367	60,943	66,521	n/a	77,542	n/a
8	Y	n/a	70,794	n/a	n/a	79,643	n/a	n/a	n/a	n/a
33	Y	n/a	25,338	n/a	n/a	37,057	n/a	n/a	n/a	n/a
38	Y	29,862	37,792	43,247	33,595	42,517	48,653	n/a	63,653	n/a
65	Y	39,676	53,431	56,007	44,636	60,111	63,007	55,073	74,625	91,307.32
47	Y	51,316	61,875	69,469	57,730	69,610	78,153	69,445	103,575	119,829.45
14	Y	53,170	61,945	94,359	45,192	69,688	106,154	n/a	113,887	n/a
45	Y	n/a	94,505	n/a	n/a	106,318	n/a	n/a	n/a	n/a

| 図表2-13 | クライアントマネジメント・ジョブファミリーのキャリアレベル別ジョブ内容・人的要件 |

	S1	S2	S3	S4	S5
	エントリー	アソシエイト	キャリア	エキスパート	マスター
ジェネラル・プロファイル	・職業訓練あるいは販売経験によりスキルを習得 ・ビジネス・製品に関する基本的理解を有する ・他者に教わりながら仕事を行う明確な定義と簡単に理解できるセールス分野で仕事をする	・担当製品分野のコンピテンスがあることを示す ・明確に定義され,簡単に理解できる製品分野で活動する ・特定製品に関する顧客数と売上高を拡大する ・中程度のガイダンスに基づき仕事をする	・担当製品分野に対して十分なコンピテンスがあることを示す ・明確に定義された製品分野で活動する ・マーケティング活動に従事し,部門戦略に基づいて年次計画を策定する ・自主的あるいは最低限の監督のもとに役割を完遂する	・担当セールス分野に焦点をあて,やや複雑なマーケットでリスクの高い重要顧客を担当する ・ビジネスチャンスを作り出し,年次計画を策定する ・チーム活動をマネジする	・単数あるいは複数の製品ラインに対するナショナルあるいはリージョナルマネジャー ・長期的リードタイムを有する顧客に対して大型の契約を結ぶために,複数部門からなるチームをリードする ・高度に複雑な環境でビジネスを行う
技術的専門性 建築・メンテナンス	・基本的なセールスマネジメントに関するスキルを有し,担当する製品とマーケット,コンペティターに関する知識を有する	・担当製品に対する販売スキルを拡大し,知識を深める	・担当セールス分野における専門性を有し,多様な販売技術を活用してコンピテンスを有することを示す	・担当製品・マーケットに対する深く幅広い知識・スキルを示し,最新のイノベーティブなセールス技術を活用する	・どのように入札を行い,勝利をつかむかなど大きな影響を及ぼす幅広い外部プロセスを理解している
応用・予測	・応用力を有する ・担当業務に対する基本知識・スキルを有する	・日々の業務で多様な知識・スキルを応用する	・幅広い活動で知識・スキルを応用し,担当製品・セールス分野で自身の専門性が他者の資源となる	・複雑な問題への対応のために知識・スキルを活用,自身の専門分野以上の範囲でコーディネーションを行い,自部門・他部門のメンバーと知識・スキルをシェアする	・販売・マーケティング・製品に対する知識を経験の少ない従業員に提供する
顧客・ビジネスへの対応 顧客への対応	・顧客の標準的なリクエストに応え,ビジネスチャンスをつかむ	・顧客のニーズを理解し,ニーズを満たし,潜在的ビジネスチャンスを作り出す	・顧客ニーズ把握のために能動的に行動し,非標準的なタスクや課題に対する解決策を特定し,ビジネスチャンスを作り出す	・原因分析に基づき顧客ニーズを予測し,短中期的解決策とビジネス計画を策定する	・主要顧客との長期的パートナーシップに焦点をあて,長期ビジネス計画を策定し,計画達成をリードする
ビジネスの理解	・担当セールス分野に関するビジネス課題について基本的な理解を有し,ビジネス課題と自身の活動を連動させる	・主要なビジネス推進力を理解し,知識を自身の活動に活用する	・自身の担当分野における組織内外のビジネス課題を考慮する	・組織内外のビジネス課題を把握し,ビジネス課題達成のためにチームを変革する	・セールス目標とビジネス計画に影響を及ぼす組織内外の課題を予測し,具体的ビジネス計画を策定する

	S1	S2	S3	S4	S5
	エントリー	アソシエイト	キャリア	エキスパート	マスター
コスト・収益性	• コスト意識を有する	• コストをコントロールする	• コストをモニターし，コントロールする	• 収益性やニーズに関する意識をもち，セールスプロジェクトに要するコストをマネジする	• 非常に大きなセールスプロジェクトに関するコストと収益性をマネジする
解決方法の策定・実施 問題解決	• 明確に定義された手続を使って定型的な問題を解決する	• 簡単な状況下ですべての問題と関連事項を特定し，解決策を策定し，標準的な手続きによって解決策を評価することによって堅実な意思決定を行う	• 部分的で相反するデータから主要課題を特定し，幅広い視野から課題を把握し，新たな方法で課題を解決する	• ビジネス課題と各課題同士の連動を先取りして把握し，直近の課題解決以上の意味を考え，新たな視点で複雑な課題を解決する	• 担当分野のマネジメントに影響を与えるユニークで複雑な問題を解決する
計画・実行	• タスクをスケジュールどおりに実行する	• 決められたターゲットをスケジュールどおりに実行するために優先順位や業務計画を策定する	• 目標達成のためにタイムマネジメントを行い，部門戦略に基づき販売計画を策定し，必要となる資源を特定し，スケジュールを設定する	• 自身とチームメンバーのタイムマネジメントを行い，部門戦略に基づき年次計画を立案し，すべての必要資源に関する予測と対応策を含む特定分野のセールス活動を計画する	• 全社戦略に基づき長期計画を策定し，計画達成に必要なすべての資源をマネジする
人間関係 コミュニケーション，交渉，影響力	• 質問に答え，理解しているかをチェックし，明確で正確な説明を行う	• 注意深く調査し，明確で適切な方法で情報を発信し，複雑ではない状況において他者を説得する	• 関係者に適応する形で，情報を駆使して困難なコンセプトを明確に説明し，コンセンサスを作り出し，適度に複雑な契約を締結する	• 非常に複雑なアイデアを説明・プレゼンし，目標を予測し，中規模・大規模の複雑な契約交渉を行う	• 販売戦略を策定し，主要なプレイヤーと非常に複雑でかつ高リスクを有する契約交渉を行う
チームワーク，コーチング	• チーム目標の達成のために他者と協力する	• チーム活動に積極的に貢献し，経験とアイデアを共有する	• チームワークを促進し，他者をモチベートし，コーチし，ガイドする	• ファシリテイター，メンターとして行動し，チームを前進させる	• 複数分野からなるチームをリードする
ネットワーキング	• 良好な人間関係を維持する	• 組織内外の担当分野の顧客に対して積極的に関係を構築する	• 担当セールス分野で主要な契約を結んでいる顧客企業とインフォーマルなネットワークを構築する	• 担当以外のセールス分野において組織内外のネットワークを構築する	• 顧客企業と組織内部の主要意思決定者との間でネットワークを構築する

| 図表 2 −14 | スーパーバイザー/マネジメント・ジョブファミリーのキャリアレベル別ジョブ内容・人的要件 |

	スーパーバイザー/チームリーダー	スーパーバイザリー・マネジャー	コーディネイティング・マネジャー	インテグレイティング・マネジャー
ジェネラル・プロファイル	スーパーバイザー：事務職や現場従業員の日常活動を監督する	スーパーバイザリー・マネジャー：担当業務分野においてスタッフの日常の仕事に対する監督を行う	コーディネイティング・マネジャー：多様な要素からなる特定機能分野で働くプロフェッショナル・事務職・オペレーショナルスタッフなど多様な従業員に対してリーダーシップを発揮する	インテグレイティング・マネジャー：担当する単数あるいは複数の機能分野で働く多様な従業員に対してリーダーシップを発揮する
	• 第一線スーパーバイザー	• 直近の行動あるいは短期的計画に基づき問題解決を行うとともに，タスク完遂を確実にするために優先順位を設定する • ワークフローと仕事の質の調整を通して決められた仕事の進め方を維持する	• 短期・中期のビジネスを計画し，生産性・品質・コストなどに関する目標達成のために資源を最大に活用する • 特に担当するビジネス分野で新たに発生しつつある分野について，スタッフやチームメンバー，タスクフォースなどさまざまな部下に対して技術面でリーダーシップを発揮する	• 幅広い機能分野あるいは機能横断的な目標達成のために中長期的計画を設定する • 幅広い機能分野における複雑で多様な課題を解決するためにスタッフ，ワークチームあるいはタスクフォースに対してリーダーシップを発揮する
	• 監督面・技術面でリーダーシップを発揮する	• 決められたとおりに確実に仕事を行う	• 新たなニーズや発生しつつあるニーズへの対応や，パフォーマンスギャップの原因究明を通じて，組織内外の顧客ニーズを満足する	• 多様な従業員を通して現在と今後発生する組織内外の顧客ニーズを満足する
	• 直近の行動あるいは事前に決められている職務遂行のための短期的対応によって日常的な問題を解決する • タスク完遂のために仕事の優先順位を設定する	• 担当のワークチームと担当以外の組織内の分野に対する協調性と凝集性を高める	• ビジネス上の課題と仕事のやり方を理解して，ビジネスの優先順位をつける	• 複数機能分野における問題解決のために，深く幅広いマネジメント知識を活用する • 資源分配などを含む重要事項に対して従業員グループ間のコンフリクトを解決する

クリプション」である。「簡易ディスクリプション」は，「サブジョブファミリー
の主要職責」「キャリアポイント」「キャリアレベル変更要因」「サブジョブファ
ミリーに含まれる個別ジョブの主要職責」の4つのパートからなっている。
　Complex Sales & Account Management（**図表2−15**）を例に，「サブジョ
ブファミリー別簡易ディスクリプション」をみていく。最初の「サブジョブファ
ミリーの主要職責」では，「顧客との長期的取引の構築・維持，複雑な課題解
決のために，3つの領域に責任をもつ」として，「長期セールスサイクルで発
生する複雑な課題の解決」などの責任領域が特定される。2番目の「キャリア
レベル」は，Complex Sales & Account Management　サブジョブファミリー
に含まれるキャリアレベル（個人コントリビューター・マネジメントポジショ
ン）である。3番目の「キャリアポイント変更要因」は，「クライアントマネ
ジメント・ジョブファミリー」と「スーパーバイザー/マネジメント・ジョブ
ファミリー」の「キャリアレベル別ジョブ内容・人的要件」（**図表2−13, 14**）
に基づいて決められたキャリアレベルの変更要因である。ここでは個人セール
ス目標額がキャリアレベルの変更要因である。最後がComplex Sales & Ac-
count Management　サブジョブファミリーに含まれる個別ジョブの主要職責
である。International Account/Partner Managerの場合は「国際的な契約に
責任をもつ」などが職責となる。
　「クライアントマネジメント・ジョブファミリー」と「スーパーバイザー/マ
ネジメント・ジョブファミリー」の「キャリアレベル別ジョブ内容・人的要件」
で特定されたキャリアレベルを「サブジョブファミリー簡易ディスクリプショ
ン」によって，該当するサブジョブファミリー・個別ジョブの仕事に具体化さ
せて，個別ジョブのキャリアレベルを決めていく。

②　個別ジョブに対するマーケットペイ

　マーケットプライシング型賃金決定が普及すると，個別ジョブのキャリアパ
スを特定する形でマーケットペイが提示されることを，具体例を使って説明し
てきた。次はいよいよマーケットペイデータの紹介である。これまでは「テレ
コムサラリーサーベイ結果」（**図表2−12**）の左側であったが，マーケットペ
イ部分は「参加企業数」以降の右側の部分である。
　「参加企業数」「参加社員数」は対象となるジョブ（キャリアレベル別）のマー
ケットペイを収集した企業数と従業員数である。「カンパニーカー」は，イギ

｜図表２−15｜　サブジョブファミリーの簡易ディスクリプション

ジョブファミリー：クライアントマネジメント
サブジョブファミリー：Complex Sales & Account Management
コード：AM

Complex Sales & Account Managementの主要職責
現在の顧客と潜在顧客との間で長期的な取引関係の構築・維持，複雑な課題を製品とサービスで解決するために以下の主に３つの領域に責任をもつ
１．長期的セールスサイクルの中で発生する複雑な課題を解決する
２．顧客との関係維持とさらなるビジネスを開発に責任をもつ
３．顧客満足度を向上し，契約更新による長期的な取引関係の維持とともにビジネス機会の開発を追求する

キャリアレベル

Individual Contributor	S1, S2, S2, S4, S5
Managerial Position	M2, M3, M4

キャリアレベル変更要因
職務変更要因１−個人セールス目標
（チーム内で個人セールス目標が設定されている場合）
A＝$0.5m未満
B＝$0.5m〜$0.9m
C＝$1m〜$4.9m
D＝$5m〜$9.9m
E＝$10m〜$49.9m
F＝$50m〜$99.9m
G＝$100m〜$249.9m
H＝$250m以上　　　　　　　　　　　　　　　　　　　　　　　　m＝million

Complex Sales & Account Managementに含まれるジョブの主要職責
AM01　　Outsourcing/Facilities Management
　−多くのマーケットでFacilities Managementに関する課題解決のための製品・サービスを販売する
　−戦略的に非常に重要な短期・長期のサービスに対応する
AM02　　International Account/Partner Manager
　−国際的な契約に責任をもつ
　−国際的なパートナーとの関係維持・強化に責任をもつ
AM03　　System & Solutions
　−高付加価値のシステムとソリューションの販売に責任をもつ
　−組織対象の統合的ソリューションの販売に責任をもつ
　−ソフトウエアコンサルタントとプロフェッショナルサービスを含む
　−製品販売は行わず，サービス産業ソリューションと同様に製品を含むセールスポートフォリオの販売に責任をもつ
　−特定の地域あるいは産業を担当する場合がある
　−既存と将来の契約に焦点をあてる
　−顧客との関係をマネジし，顧客のニーズ特定を行う
　−販売対象は法人顧客

リスではカンパニーカーは代表的な福利厚生（ベネフィット）施策であり，該当ジョブ（キャリアレベル別）がカンパニーカー貸与の対象かどうかを示している。日本以外の国では，ベネフィットの対象となるかどうかは（＋得られるベネフィットのレベル），社員等級と連動しているのが一般的である。これより右側は，カンパニーカーなしの基本給，カンパニーカーつきの基本給，トータルキャッシュパッケージの3つの報酬に対する，各ジョブタイトル（キャリアレベル別）に対するマーケットペイである。それぞれ第1四分位，中央値，第3四分位の3レベルのマーケットペイが示されている。

(2)　ハイテク産業サラリーサーベイ

　2つ目に紹介するのが，ハイテクビジネスを行う97社が参加した「ハイテク産業サラリーサーベイ」である。こちらのサーベイでは，ジョブファミリー（サブジョブファミリーを含む場合がある）別にキャリアルートを設定し，各ジョブファミリーに属するジョブごとに「ジョブの概要」「経験」などを含む簡易版ポジションディスクリプションを特定することで，ジョブファミリーあるいはサブジョブファミリーのキャリアルートにおける個別ジョブの位置づけを示している。

①　ジョブファミリー・サブジョブファミリー別のキャリアパスに個別ジョブを位置づける

　本サラリーサーベイではジョブファミリーとして，「プロジェクトマネジメント」（GM），「セールス」（SL），「マーケィング」（MK），「プロジェクトマーケティング」（MK），「アプリケーション/コンサルティング」（CO），「システム/テクニカルサポート」（CS），「カスタマーサポート/デベロプメント」（CS），「ソフトウエアデベロプメント」（EN），「ロジスティクス/パーチェシング」（LG），「ファイナンス」（FI）などの20のジョブファミリーである。この20のジョブファミリーはそれぞれキャリアマップがあり，個々のジョブはキャリアマップに位置づけられる。そして，個別ジョブごとに簡易ポジションディスクリプションがついている。これらによって，個々のジョブに対するキャリアパスが具体的に示されており，キャリアルートに直結したマーケットペイとなっている。本書では，20のジョブファミリーから，「セールス・ジョブファミリー」（SL）を取り上げる。

　なお，すべてのキャリアマップにジェネラルマネジャーとビジネスユニット
マネジャーが記載されており，すべてのジョブファミリーは企業トップのジェ
ネラルマネジャーにつながるキャリアマップが示されている。どのジョブファ
ミリーからでも企業トップへのキャリアパスが具体的に示されているのである。
なお，ジェネラルマネジャーとビジネスユニットマネジャーは，「ジェネラル
マネジメント・ジョブファミリー」（GM）を形成している。ジェネラルマネ
ジメント・ジョブファミリーは「組織のすべての機能に対して，方向性の決定，
戦略策定・実行に責任をもつ。本ジョブファミリーの対象である2つのジョブ
のジョブグレードは，セールス額，社員数，マネジメントの複雑性，製品の多
様性によって決められる」と定義されている。
　まず，「ジェネラルマネジメント・ジョブファミリー」に含まれるGeneral
ManagerとBusiness Unit Managerの簡易版ポジションディスクリプションか
らみていく。

◆ジェネラルマネジメント・ジョブファミリー（GM）

GM0000　　　General Manager
- 他のジョブタイトル

  Country Manager，Managing Director，President
- レポート先：本社・リージョナルオフィスあるいは取締役会
- 経験

  シニアマネジメントレベルでの5〜8年の経験，あるいは10〜15年のマネ
  ジメント相当ポジションでの経験
- ジョブの概要

  国内すべてのセールスと製品流通のために組織の全体的な方向性，長期計
  画，基本方針の決定，すべての経営機能に責任をもつ国内トップのエグゼ
  クティブ。セールスと特定の経営機能，たとえばセールス・マーケティン
  グ機能のみに責任を有する場合は，General Managerではなく，Head of
  Sales，Head of Marketingとなる。
- 職責変更要因（以下の条件に応じて職責レベルは変化する）

  複数国を担当しているか，あるいは1国を担当してるか。

  担当する経営機能分野の幅（製造，セールス・マーケティングなど）

  担当製品・サービスの幅

ガイドラインに基づいて決定を行っているか，あるいはガイドラインなしに一から決定を行っているか。

GM0010　　Business Unit Manager
- 他のジョブタイトル

Divisional Manager
- レポート先：President, Main board Director
- ジョブの概要

ビジネス，サービスあるいは製品ラインに対する収支責任を有するジェネラルマネジャー。担当地域内の単数あるいは複数のプロフィットセンターをマネジする。プロフィットセンターは，例外的に地域ベースで定義される場合もあるが，通常は製品ベースである。日々のファイナンス，マーケティング，セールス，サービス（技術的サポート），製造，研究開発，業務オペレーションに責任をもつ。複数の経営機能に関する専門性を有し，マネジメントに責任をもつ。担当機能分野のいくつかでマネジメントと技術的な能力を有する。
- 職責変更要因（以下の条件に応じて職責は変化する）

企業の規模

多国籍企業か，あるいは1国で活動する企業か

担当する製品ラインの幅

セールス額

マネジメントする地域の幅（一地域か，複数地域か）

◆セールス・ジョブファミリー（SL）（一部抜粋）

セミコンダクターセールスは半導体セールス・ジョブファミリーに入り，本セールス・ジョブファミリーには，セミコンダクターセールス以外のセールスが入る。

図表2－16に示したとおり，セールス・ジョブファミリーのキャリアルートは，B2Bビジネスで特定企業を担当するセールス職であるアカウントセールスと，それ以外の顧客に対するセールス職の2つのサブジョブファミリーに大別される。アカウントセールス以外のセールスは，さらに，①顧客に直接システムやサービスを販売するダイレクトセールス（含むテレフォンセールス），②

┃図表2−16┃ セールス・ジョブファミリーのキャリアマップ

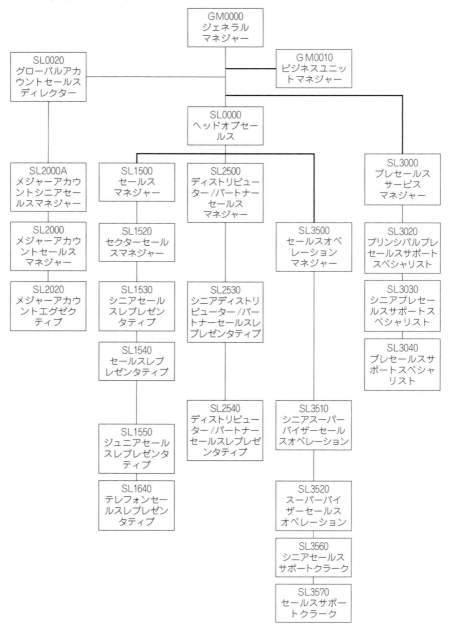

ディーラーや卸ネットワークを通じてシステムやソリューションサービスを販売するディトリビューター・パートナーセールス，③セールスチームにアプリケーションコンサルティング，システムエンジニアリングなど技術サポートを行うセールスサポート，④注文への対応，セールスに関する統計，株価予測などを行うセールスオペレーションの４つのサブジョブファミリーに分かれる。以下に各サブジョブファミリー別の簡易版ポジションディスクリプションをみていく。

◈ Key Account Sales　サブジョブファミリー

SL0020　　Global Account Sales Director
- Global Account Director以外のジョブタイトル
  Global Account Sales Manager
- レポート先：General Manager
- 経験
  ８〜10年の関連ジョブの経験，かつ６年のマネジメントジョブの経験
- ジョブの概要
  大規模組織のシニアレベルでオペレーションを行い，契約交渉に対する裁量権が大きく，事業戦略に対する大きな影響力をもつ。企業収益に対する責任範囲が大きい。グローバル市場でオペレーションを行う場合が多い。

SL2000　　Major Account Sales Manager
- 他のジョブタイトル
  Key/Strategic Account Sales Manager
- レポート先
  Global Account Senior Sales Manager, Global Account Sales Director, Head of Sales
- 経験
  ジョブに関連する知識・スキルを有するとともに５〜８年の類似ジョブでの経験
- ジョブの概要
  決められたリスト内で主要な取引先と顧客に対するセールスに責任をもつ。限定された裁量権の中で交渉を行う。個人あるいは１〜２人のSupport

Executiveとともにセールス活動を行う。Major Account Executiveとして関連商品と担当業界における数年の経験を有する。

SL2020　Major Account Executive

- 他のジョブタイトル

Key/Strategic Account Sales Executive

- レポート先

Major Account Sales Manager

- 経験

4～6年の類似ジョブの経験

- ジョブの概要

複数の主要取引に対して特定製品群のセールスに責任をもち，担当業界における直販に関するかなりの経験を有する。

◈SL0000　Head of Sales

（アカウントセールス以外のサブジョブファミリーに対して責任をもつ）

- 他のタイトル

Sales&Marketing Director，Sales Director，Country Sales Manager

- レポート先

General Manager，Regional Sales Manager

- ジョブの概要

担当国のセールスに関する全体的方向性とすべてのセールス活動に対して責任をもつ。ピープルマネジメント面では有能なセールス社員の採用，定着，モチベーショントに責任をもち，ビジネス面では，戦略策定，セールス目標設定，予算達成，新規ビジネス開発，既存顧客の満足維持に責任をもつ。独自部門がない場合にはマーケティングとプレセールス活動にも責任をもつ。

職責変更要因（以下の条件に応じて職責は変化する）

複数国を担当しているか，あるいは1国を担当しているか

マネジメントする部下の数

ディーラーネットワークの広さ

マーケティング分野にも責任をもっているか

担当する製品の種類・幅

担当する製品の技術的複雑性の程度

◈ Direct Sales　サブジョブファミリー

SL1500　　Sales Manager

- 他のジョブタイトル

  Regional Sales Manager

- レポート先

  Head of Sales

- 経験

  2〜3年のマネジメントレベルの経験を含む豊富なセールスの経験を有する

- ジョブの概要

  全体的なセールス活動と幅広い分野のプレセールスに対して責任をもつ。高度な技術レベルを必要とする製品を担当。セールス目標を達成するために担当エリアのセールス社員をマネジする。新たなビジネスを起こし，顧客満足を維持する。ディーラーネットワークの開発とサポートに責任をもつ。セールス戦略とセールス目標の開発のためにHead of Salesを補佐する。顧客サポート，セールスアドミニストレーション，支社のマネジメントなどに責任をもつ場合もある。

SL1530　　Senior Sales Representative

- 他のジョブタイトル

  Senior Sales Engineer, Senior Sales Executive, Account Executive

- レポート先

  Sales Manager

- 経験

  4〜6年の関連ジョブでの経験を有する

- ジョブの概要

  特定分野で担当製品・サービスのセールスに対する責任をもつ。セールス戦略で実行し，顧客満足を確実にする。多くの場合，ビジネス・マーケットニーズの予測に関する補佐を行うとともに，複数国を対象とすることが

多い。採用と教育に直接責任は有しないが，これらのアシストを行うこと
が多い。

SL1540　　Sales Representative

- 他のジョブタイトル

Sales Engineer, Sales Executive

- レポート先

Sales Manager

- 経験

2～3年の関連ジョブの経験を有する

- ジョブの概要

上司の監督のもとにあらかじめ決められた役割を実行し，特定分野に責任
をもつ。マーケットに対する知識を維持するとともに，売り上げ向上に関
する計画を策定する。顧客の苦情対応の質向上を含む顧客満足を実現する。
主要顧客・見込み顧客に対する対応を行う。他の社員の採用・教育は行わ
ない。

SL1640　　Tele Sales Representative

- 他のジョブタイトル

Tele Sales Engineer, Telephone Sales Executive

- レポート先

Sales Manager, Tele Sales Supervisor

- 経験

最低1～2年の経験（現場オペレーションの場合が多い）

- ジョブの概要

既存顧客と見込み顧客に対するテレフォンセールスを行う。既存顧客への
セールス活動を促進し，売り上げを伸ばす。企業が扱う製品，手続き，コ
ストに関する深い知識を有する。

◆Indirect/Partner Sales　ジョブファミリー

SL2500　　Distributor/Partner Sales Manager

- 他のジョブタイトル

Indirect Sales Manager, Channel Sales Manager

・レポート先

Head of Sales

・経験

マネジメントレベルの2〜3年の経験を含む豊富なセールス経験

・ジョブの概要

主要ディーラーネットワークを通じたセールスに責任をもつ。契約条件の決定に対する幅広い裁量権を有し，企業収益に大きな影響力をもつ。国際マーケットあるいは1国内での重要流通ネットワークに対して責任をもつ。

SL2530　　Senior Distributor/Partner Sales Representative

・他のジョブタイトル

Senior Indirect Sales Representative, Senior Channel Sales Representative

・レポート先

Distributor/Partner Sales Manager, Head of Sales

・経験

4〜6年の関連ジョブの経験

・ジョブの概要

特定の製品群に対するセールスあるいはいくつかの主要な契約に関する責任をもつ。ディーラーネットワークをマネジし，企業のガイドラインに基づいて契約交渉を行う。監督責任はないが，よりジュニアなRepresentativeのトレーニングを補助することが多い。

◈Pre-Sales　サブジョブファミリー

SL3000　　Pre-Sales Service Manager

・他のジョブタイトル

Bid Manager

・レポート先

General Manager

・経験

8〜10年の関連ジョブの経験

- ジョブの概要

プロジェクトの入札書提出作成のためにテクニカルandセールスマネ
ジャー/コンサルタントと一緒に働く。多くの場合，技術面・商業面での
数多くの機能からのインプットを必要とする高付加価値で非常に複雑なプ
ロジェクトである。顧客のプロジェクト仕様に即した高品質のプロジェク
トであることを確実にする。プロジェクトの技術的実現可能性と収益性を
評価するためにファイナンスとエンジニアを一緒に働く。プレセールスシ
ステムデザインと顧客へのサポートの提供に責任をもつ。契約したソフト
ウエアプロジェクトの実行を監督し，ソフトウエアハウス，パートナー，
顧客との関係を構築する。予算達成に責任をもつ。顧客に専門的なサービ
スを提供する。技術的アカウントプラン開発のためにセールスチームと密
接に協働する。

SL3020　　Principal Pre-Sales Support Specialist

- 他のジョブタイトル

Principle Pre-Sales Support Engineer, Product Support Specialist

- レポート先

Sales, Pre-Sales, Marketing, Systems/Support or Field Service Manager

- 経験

7～9年の関連ジョブの経験

- ジョブの概要

経験豊富なプロフェッショナルであり，特定のプロジェクトレンジに対す
るプレセールスサポートプログラムの開発と実行に責任をもつ。競争力の
ある製品とサービスの実現を目指して，プロダクトサポートドキュメン
テーションのレビュー，特定の技術的な質問への回答，プロダクトレンジ
の準備，顧客，潜在顧客，関連機能，従業員への製品に関するセミナー開
催などを行う。プロポーザルや入札のためのプレゼンテーションをサポー
トする。多くの場合，担当の製品・サービスは複数国を対象としている。

SL3040　　Pre-Sales Support Specialist

- 他のジョブタイトル

Pre-Sales Support Engineer, Product Support Specialist

- レポート先

PrincipalあるいはSenior Pre-Sales Support Specialist
- 経験

Technical/degree　レベルの資格取得後に3〜4年間の関連ジョブの経験
- ジョブの概要

顧客に対するプレセールスに技術的サポートを行う。セールスフォースをサポートする。デモのためにセールスエグゼクティブとともに顧客を訪問する。

◈Sales Operations　サブジョブファミリー

SL3500　　Sales Operations Manager

- レポート先

Head of Sales
- 経験

5〜8年のスーパーバイザーの経験を有し，セールスバックグラウンドと製品知識をもつ。
- ジョブの概要

セールスオーダーに関するプロセスを最も効果的な実施に責任をもち，セールスシステムの開発を行い，セールスチームに統計データを提供し，適切な在庫引当のために配送部門と協働する。セールスチーム，アナリスト，オーダープロセス担当に責任をもつ。多くの場合，セールス・インセンティブ・プランの実行に責任をもつ。

SL3510　　Senior Supervisor Sales Operations

- 他のジョブタイトル

Sales Operations Specialist
- レポート先

Sales Operations ManagerあるいはHead of Sales
- 経験

高等教育学位を有し2〜3年の関連ジョブの経験，高等学校学位を有し5〜8年の関連ジョブ経験
- ジョブの概要

セールスオペレーションのプロフェッショナル（Individual contributor）あるいは複数のチームのスーパーバイザー（management/supervisor）。テレフォンセールス機能のある組織では，主要なセールスエグゼクティブである場合が多い。

SL3560　　Senior Sales Support Clerk
- レポート先

Section Leader/Supervisor
- 経験

高等学校学位を有し2～3年の関連ジョブの経験
- ジョブの概要

より複雑なオーダーに対応し，セールスレポートの分析によってセールスチームをサポートする。経験の少ないクラークを教育する場合がある。

② 個別ジョブに対するマーケットペイ

本サーベイでは，「テレコムサラリーサーベイ」とは異なり，個々のジョブごとにマーケットペイをまとめている。内容は，報酬とそれ以外に大別される。報酬に関する項目はジョブファミリーによって異なるが，本書で紹介する直接部門のジョブファミリーについては，年間基本給額，年間総報酬額，目標報酬総額，年次ボーナス額，年間コミッション額，基本給に対するボーナス＋コミッション額の割合であり，それ以外の項目は，年齢，直属部下の数，カバーする国，年間の責任収益額である。

▌図表 2 −17 ▌　General Managerジョブのマーケットペイ

GM0000　　General Manager
サーベイ参加企業数：　50社
サーベイ参加人数：　　66人
サーベイ参加者でボーナス　and/or　セールスコミッションを支給された人の割合：　68%

報酬内容	第1十分位	第1四分位	中央値	第3四分位	第9十分位	平均
年間基本給額	£93,240	£110,400	£132,000	£151,789	£203,274	£138,403
年間総報酬額	£102,000	£137,163	£146,900	£223,800	£279,918	£183,700
目標報酬総額	£112,035	£146,400	£177,000	£218,956	£276,000	£188,725
中央値	£117,000	£119,120	£139,750	£139,750	£143,812	£131,717
年次ボーナス額	£7,200	£10,296	£50,834	£81,480	£90,000	£52,796
年間コミッション額	£22,800	£41,520	£69,120	£1,00,800	£210,000	£86,674
基本給に対するボーナス+コミッションの割合	6.4%	20.9%	42.9%	62.8%	100.0%	50.3%
サーベイ参加者の年齢	38歳	41歳	43歳	49歳	55歳	45歳
直属部下の数	6人	13人	83人	134人	250人	113人
カバーする国の数	1か国	1か国	1か国	7か国	12か国	9か国
1年間の責任収益額	£2,000,000	£19,375,000	£30,000,000	£60,000,000	£352,000,000	£157,811,072

▌図表 2 −18 ▌　Head of Salesジョブのマーケットペイ

SL0000　　Head of Sales
サーベイ参加企業数：　51社
サーベイ参加人：　　　74人
ボーナス　and/or　セールスコミッションを支給された人の割合：　74%

報酬内容	第1十分位	第1四分位	中央値	第3四分位	第9十分位	平均
年間基本給額	£66,600	£75,000	£90,000	£104,724	£120,000	£93,009
年間総報酬額	£81,600	£96,000	£120,000	£153,084	£180,000	£128,424
目標報酬総額	£93,000	£110,400	£140,349	£168,120	£197,472	£143,006
中央値	£78,000	£85,254	£92,079	£115,999	£125,927	£96,571
年次ボーナス額	£4,800	£12,000	£18,000	£27,096	£46,200	£20,930
年間コミッション額	£31,198	£36,000	£48,000	£74,659	£8,400	£57,535
基本給に対するボーナス+コミッションの割合	16.1%	26.7%	45.5%	69.2%	116.7%	54.8%
サーベイ参加者の年齢	35歳	37歳	40歳	45歳	49歳	41歳
直属部下の数	3人	8人	13人	16人	4,250人	17人
カバーする国の数	1か国	1か国	1か国	2か国	11か国	3か国
1年間の責任収益額	£1,663,200	£8,160,000	£25,000,000	£49,400,000	£70,000,000	£27,701,502

｜図表２－19｜　Sales Managerジョブのマーケットペイ

SL1500　　Sales Manager
サーベイ参加企業数：　42社
サーベイ参加人数：　　82人
ボーナス and/or セールスコミッションを支給された人の割合：　76%

報酬内容	第１十分位	第１四分位	中央値	第３四分位	第９十分位	平均
年間基本給額	£48,000	£58,200	£65,952	£79,200	£92,743	£68,559
年間総報酬額	£54,512	£66,367	£87,300	£112,800	£144,000	£95,412
目標報酬総額	£56,970	£69,187	£91,152	£126,900	£153,420	£100,797
中央値	£78,936	£79,950	£94,597	£119,693	£119,693	£97,992
年次ボーナス額	£12,160	£3,600	£4,800	£8,100	£11,760	£6,624
年間コミッション額	£18,000	£23,674	£42,904	£61,233	£79,200	£46,579
基本給に対するボーナス＋コミッションの割合	5.0%	12.0%	44.7%	77.6%	100.0%	51.3%
サーベイ参加者の年齢	33歳	35歳	39歳	43歳	48歳	40歳
直属部下の数	2人	3人	5人	10人	3人	7人
カバーする国の数	1か国	1か国	1か国	1か国	3か国	2か国
1年間の責任収益額	£124,300	£4,000,000	£10,280,594	£40,907,460	£100,000,000	£26,178,674

｜図表２－20｜　Telephone Sales Representativeジョブのマーケットペイ

SL1640　　Telephone Sales Representative
サーベイ参加者がいた会社数：　16社
サーベイ参加人数：　　　42人
ボーナス and/or セールスコミッションを支給された人の割合：　90%

報酬内容	第１十分位	第１四分位	中央値	第３四分位	第９十分位	平均
年間基本給額	£16,200	£19,800	£22,920	£26,400	£27,600	£23,242
年間総報酬額	£17,493	£22,872	£27,420	£43,200	£46,800	£33,260
目標報酬総額	£19,440	£24,336	£27,600	£43,200	£46,800	£33,321
中央値	£17,478	£19,704	£24,816	£30,000	£35,400	£25,538
年次ボーナス額	£1,245	£1,980	£2,304	£2,472	£6,000	£3,369
年間コミッション額	£1,936	£2,262	£9,300	£18,000	£21,600	£11,086
基本給に対するボーナス＋コミッションの割合	6.3%	10.0%	20.0%	75.0%	100.0%	45.8%
サーベイ参加者の年齢	24歳	26歳	29歳	35歳	41歳	31歳
直属部下の数	0人	0人	0人	0人	0人	0人
カバーする国の数	1か国	1か国	1か国	1か国	1か国	1か国
1年間の責任収益額	£100,000	£100,000	£1,300,000	£3,220,911	£4,159,427	£2,137,744

8 ┃ ペイストラクチャーの変化

8-1　一般化するジョブファミリー別ペイストラクチャー

　ジョブファミリー・サブジョブファミリー別のキャリアパスに連動したマーケットペイの具体例を紹介する。このタイプのマーケットペイが有効に機能する1つの要素としてジョブファミリーペイストラクチャーの普及がある。アメリカ企業を対象とした調査では，約半数の企業が5つ以上のペイストラクチャーを有しており，単一のペイストラクチャーを全社的に活用している企業は約4分の1となっている（図表2-21）。

┃図表2-21┃　ペイストラクチャーの数

ペイストラクチャーの数	％
1	26
2	12
3	10
4	9
5つ以上	42

出所：WorldatWork (2016) Compensation Program
and Practice Survey. を基に作成

　複数のペイストラクチャー導入で多いのは，ジョブファミリー別にペイスト
ラクチャーを変えている場合である（Newman et al., 2014, 2020；Armstrong
1996, 2015；Armstrong & Brown, 2001）。大きな理由は，ジョブファミリーご
とでマーケットペイの違いが大きいためだ。たとえば，購買・ファイナンス・
コンピュータエンジニアという3つのジョブファミリーでマーケットペイレベ
ルが違うとすると，それぞれのジョブファミリーごとに賃金構造を設定するこ
ととなる（図表2−22）。

┃図表2−22┃　ジョブファミリーペイストラクチャー

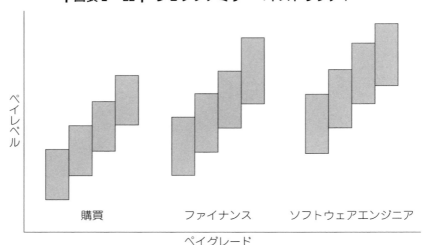

出所：Newman, J, M., Gerhart, B. & Milkovich, G, T. (2014) *Compensation (12th ed.),*
　　McGraw-Hill；Newman, J, M. & Gerhart, B. (2020) *Compensation (13th ed.),* Mc-
　　Graw-Hill. を基に作成

｜図表 2 −23｜　別タイプのジョブファミリーペイストラクチャー

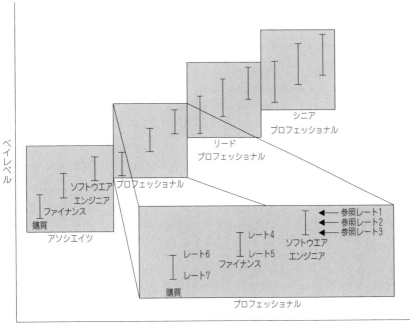

出所：Newman, J, M., Gerhart, B. & Milkovich, G, T. (2014) *Compensation (12th ed.)*, Mc-Graw-Hill；Newman, J, M. & Gerhart, B. (2020) *Compensation (13th ed.)*, McGraw-Hill. を基に作成

8 - 2　賃金レンジのブロードバンド・ルーズバンド化

　賃金構造のもう1つの変化は賃金グレード・賃金レンジのブロードバンド化である（Newman et al., 2014；Newman, J, M. & Gerhart, B. 2020；Armstrong & Brown, 2019）。賃金グレードは1つの賃金グレードに入るジョブの幅を広げる方向でのブロード化である。ポイントファクター職務評価を導入している場合ならば，従来は990〜1,150ポイントを1つの賃金グレードとしていたものを，950〜1,370ポイントを2つの賃金グレードとするということだ。人材流動化度合いが高くない場合には，組織内部でのジョブ間の相対的価値，つまり内部公平性が賃金決定に重要となるが，流動化度合いが高くなると，人の

アトラクション（採用）・リテンションのためには内部公平性以上に労働市場での公平性（外部公平性）がより重要となっている。たとえばポイントファクター職務評価を使った場合には，ポイントによって組織内の相対評価（内部公平性に基づく評価）結果を表すこととなるが，外部公平性のほうが重要となると，組織内で評価した場合は1,000ポイントと1,200ポイントと評価したが，外部公平性からみると1,000ポイントと評価した職務のほうが，価値が高い（マーケットペイが高い）場合には，1,000ポイントの職務のほうに高い賃金レベルを提供しなくてはならない。こうなってくると，なるべく幅広いポイントを1つのグレードに含めたほうが合理的となり，グレード面でのブロード化が進展することとなる。これは横幅面でのブロード化を意味する（**図表2－24**）。

　もう1つのブロード化は賃金レンジ面でのブロード化である。人材流動化が進み外部公平性重視となると，同じ賃金グレードに含まれる多様なマーケットペイに対応する必要がある。組織内部の相対的評価では同じ賃金グレードに含まれる職務であってもマーケットペイに大きな差があることが考えられ，これに対応していくためには賃金レンジ幅のブロード化が必要となる。ジョブファミリーによって異なるマーケットペイへの対応のためにも，賃金レンジのブロード化が必要となる。

　賃金グレードと賃金レンジ幅のブロード化の別の理由としては，人事評価

┃図表2－24┃　賃金グレード・賃金レンジのブロード化

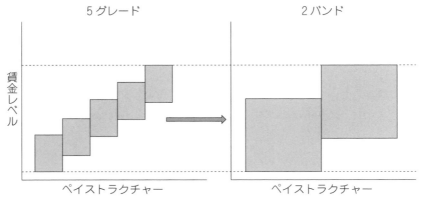

出所：Newman, J. M., Gerhart, B. & Milkovich, G. T. (2014) *Compensation (12th ed.)*, McGraw-Hill；Newman, J. M. & Gerhart, B. (2020) *Compensation (13th ed.)*, Mc-Graw-Hill. を基に作成

（パフォーマンスレビュー）の結果などによって同一ジョブあるいは類似ジョブに従事している社員間での賃金レベルに格差をつける動きも挙げられる。1990年代〜2000年代以降は，パフォーマンスやスキル・コンピテンシーなど人事評価などによって示された個人的要素に連動した賃金が拡大しており，この面も賃金レンジ幅のブロード化が進展している。賃金グレードや賃金レンジがブロード化すると，バンドと呼ばれることが多く，賃金構造のブロードバンド化と呼ばれ，これはパフォーマンスレビューの評価結果やマーケットペイへの対応力を高めようという試みである。

コラム　マーケットプライシング型賃金決定においても職務分析・職務評価は重要

　人材流動化の進展に伴い，マーケットプライシングが普及している状況を紹介してきた。この変化を見ると，職務分析や職務評価に基づく社員等級や賃金グレードの設計は必要性が弱まってきているようだ。だが職務分析・職務評価に伴う社員等級や賃金グレード構造の設計は現在でも普及した方法である。

　その主要な理由は，日本とは異なり，欧米諸国などでは社員等級や賃金グレードに応じて，対象となる報酬のタイプが異なるということだ。たとえば，キャッシュボーナスの対象は，社員等級3等級以上，ストックオプションは社員等級5等級以上といった具合だ。与えられる報酬レベルも等級によって異なり，たとえばキャッシュボーナスでいうと，社員等級3等級は年間最大額1,000ドルで，社員等級4等級は年間最大額2,000ドル，社員等級5等級は年間最大額3,000ドルといった具合である。また，キャッシュボーナスも1年間の業績を対象としたアニュアルキャッシュボーナス，2年間の業績を対象としたバイアニュアルキャッシュボーナスなど複数のボーナススキームをもっている企業が多く，アニュアルキャッシュボーナスの対象は社員等級3等級以上だが，バイアニュアルキャッシュボーナスの対象は社員等級4等級以上といった具合に支給対象が異なることが通常である。多様な報酬タイプに対応するためにも社員等級は必要となる。ベネフィットも社員等級に応じて異なることが通常である。たとえば，企業年金レベル支給は社員等級によって異なるし，傷害保険・生命保険・疾病保険など各種保険の対象となる社員等級はそれぞれ決められており，保険金額も社員等級によって異なる。以上のように報酬・ベネフィットの支給対象・支給レベルが社員等級と連動しているために，賃金決定がマーケットプライシングとなっても，職務分析・職務評価に基づく社員等級・賃金グレードの設計は必要なのである。

‖ 参考文献 ‖

Armstrong, M. & Brown D. (2019) *Armstrong Handbook of Reward Management Practice (6th ed.)* Kogan Page.

Cafaro, D. (ed.) *The WorldatWork Handbook of Total Reward : A Comprehensive Guide to Compensation, Benefits, HR & Employee Engagement, (2nd ed.)* Wily.

CIPD (2019) Reward Management Survey.

Newman, M. & Gerhart, B. (2020) *Compensation (13th ed.)* McGraw-Hill.

Newman, M. Gerhart, B. Milkovich, G. T. (2014) *Compensation (12th ed.)* McGraw-Hill.

Worldatwork (2016) Compensation Program and Practices Survey.

---| 第 **3** 章 |---

日本企業のジョブ型・マーケット型人事のケース
―人的要件の「見える化」が生み出す「自律型人材開発の促進」
「組織と個の対等な関係」などの変化―

　本章ではジョブ型人事を導入した日立製作所・東京エレクトロン・テルモ・三菱ケミカル・三菱マテリアルの５社のケースを紹介する。５社は「まえがき」と「序章」で指摘した「ジョブ型人事が生み出す変化」の多くを実践している。たとえば，「ジョブ型人事はマーケット型人事を意味する」に関しては，５社ともにマーケットサラリーサーベイ等に参加してマーケットペイを収集して賃金レベルの決定の参照としており，その点でマーケット型人事を導入しており，「ジョブ型人事はマーケット型人事を意味する」を実践している企業である。ジョブ型人事によって人的要件の「見える化」が起こるため，組織と個の対等な関係，人材開発機能の強化や自律型キャリア開発の促進も共通する変化である。

　以上のようにジョブ型・マーケット型人事がもたらす変化の大枠では，５社は共通であるが，もちろん各社には特色がある。

　日立製作所は，2011年策定の「グローバル人財マネジメント戦略」に基づき，グループ・グローバル共通の管理職対象のジョブ型グレードやグループ・グローバル全従業員対象のパフォーマンス・マネジメントなどの施策をつぎつぎと導入し，グループ・グローバルの人財マネジメント基盤を確立してきた。同時に，グループ・グローバル共通の人財マネジメント基盤と連動する形で，日立製作所にジョブ型人財マネジメントを導入。近年はマーケットをより意識する方向にシフト，社内外へのジョブディスクリプションの公開などを行っている。同社が人財マネジメント変革で強調するのは「仕事を通じた組織と個の対等な関係」である。さらに，戦略性・専門性の強化を目指して人財マネジメント部門の改革も実施しており，総合的な人財マネジメント改革に挑戦している企業である。

　東京エレクトロンでは，約100種類のジョブファミリーと類似したジョブファミリーを集めたキャリアバンドと，20段階の職責レベルからなる"GTC＝Global TEL Career-paths"を導入している。このキャリアバンド別・ジョブファミリー別の職責レベルに基づくキャリアパスを提示したGTCは，第２章で紹介した「キャ

リア開発に直結した賃金決定方法」に近い取組みである。社員1人ひとりに，自身のジョブファミリーとキャリアバンド，職責レベルに応じた具体的なキャリアパスを提示することで，効率性・効果性が高く，かつ自律的なキャリア開発が実現する。ジョブファミリー・サブジョブファミリーなどが細かい括りであるほど，評価・処遇と人材開発の連動は強まり，社員のモチベーションやエンゲージメントは高まることが予想される。約100種類という細かい括りのジョブファミリーに紐づくキャリアパスの提示は，日本の人事の先駆的な企業といえる。

　「キャリア自律」「適所適材」「成長支援」をコンセプトに新人事制度を導入したテルモ。同社は，全管理職ポジションのジョブディスクリプションを全社員に公開することで，自らが望むキャリア実現のために具体的に必要な職務経験，知識・スキル・資格，コンピテンシーなどの人的要件を「見える化」した。これにより「キャリア自律」を促進し，会社側の役割は，社員が望むキャリア実現の「成長支援」と位置づけている。キャリア自律の具体的施策の柱は，社内公募の拡大である。異動を「原則・社内公募」とし，さらに，初級管理職への昇進は「基本的に社内公募への応募を通じて」となった。テルモは，チャレンジする個と成長を支援する組織，緊張感のある個と組織の関係，という2つを念頭に，「会社と個人の対等な関係」を基盤に，魅力ある組織づくりを目指す企業である。

　三菱マテリアルでは，組織能力向上を目指してCX，HRX，DX，業務効率化，という経営改革を行っており，HRX面では職務型人事制度，次世代経営人材育成，社内公募制度，新たな研修体系など多岐にわたる変革が進行中である。職務型人事の導入の目的は「人材マネジメント方針」に示されている「"多様な人材"が"属性に関わらず""公平に処遇"される」の実現と，増加する経験者採用への対応などである。人材面でも職種面でも多様性の高い社員からなる同社は「"自律的な個人の成長"」を通じた付加価値の創出と，会社による"技能伝承・グループ基盤を活かした育成"」を「人材マネジメント方針」に掲げて，「多様性を生かす」人材マネジメント改革を続けている。

　三菱ケミカルは，「市場環境の変化」「グローバル競争の激化，労働力人口の減少」などの外部環境変化と「人材の流動化」「（従業員）人材の多様化」という内部環境変化への適応を目指し，「主体的なキャリア形成」「透明性のある処遇・報酬」「多様性への促進と支援」を目標に人事制度を改定した。「主体的なキャリア形成」「多様性への促進と支援」の側面では，「会社主体から個人主体への人材マネジメント方針の転換」するとの方針に基づき，異動は，「原則・社内公募」への変革，若手社員の「キャリアチャレンジ」，ライフプランに配慮した会社主体の異動などの施策を展開している。一方，「透明性のある処遇・報酬」の側面では，ジョブ型人事の導入などを行っている。制度変革により，従業員のマインドセットは徐々に変化してきている。

グループ・グローバル共通の人財マネジメント基盤を確立
──目指すは仕事をキーとした組織と個の対等な関係──

$$\boxed{\text{日立製作所}}$$

1　"社会イノベーション事業のグローバル展開"をグループ・グローバルの戦略目標に掲げ，事業構造を改革

　リーマンショック後の2008年度決算で純損失額7,873億円という巨大な赤字を計上した日立製作所は，翌年の2009年からグローバルリーダーを目指して事業構造改革に取り組んでいる。日立製作所の人財マネジメント改革に先立ち，人財マネジメント改革に影響を与えた同社の事業構造改革の内容をみていく。

　2010年度にスタートした「2012中期経営計画」では，「日立の強みを発揮するグローバルな成長戦略推進」「社会イノベーション事業への経営リソース重点投入」「経営基盤強化による収益安定化」が主要施策として掲げられている。ここで，現在まで続く"社会イノベーション事業のグローバル展開"が経営の方向性として示されていることがわかる。続く，「2015中期経営計画」では，事業の方向性として，"プロダクト・サービス・ITを組み合わせてのソリューション提供"を内容とする「社会イノベーション事業」をグローバルに提供する，とより具体的な方向性が示された。さらに，経営基盤の確立（トランスフォーメーション）として，グローバルオペレーションとグローバル人財がトランスフォーメーションの重点分野として挙げられ，これらの実現を通じてグローバルリーダーになるとの目標を設定した。その後，「2018中期経営計画」「2021中期経営計画」「2024中期経営計画」と3回の中期経営計画が発表されており，社会イノベーション事業のさらなる進展として，IoTプラットフォーム"Lumada"（Illuminate data（データに光を照らす）という意味での日立の造語）の活用などさまざまな戦略が発表されている。だが，本稿は人財マネジメント分野に焦点をあてており，人財マネジメントに影響を与える事業構造改革の方

向性は，「2015中期経営計画」時点までにほぼ確定していると判断し，「2015中期経営計画」までの事業計画に絞って紹介する。

　これら中期経営計画において，一貫して述べられているのが，グローバル規模での社会イノベーション事業という視点での事業展開である。当該事業に注力する理由としては，「IT・OT（Operational Technology）・プロダクツと多岐にわたる領域で高い技術力を有する」という同社が有する強みで勝負することが，グローバルリーダーに向けた持続的成長につながる，との経営判断があったためと筆者は捉えている。より具体的な事業の方向性としては，1つは，コモディティ化しやすいモノづくり・システム単体でのビジネスをコアビジネスから外し，プロダクト・サービス・ITなど幅広い分野での高い技術力の結集により，単一の製品・サービス以上に競争力を発揮する，ということだろう。そして，幅広い技術分野の結集のためには，国内外のグループ企業が「One Hitachi」としての活動が不可欠である。

　社会イノベーション事業の事例としては，英国の鉄道車両・保守サービスビジネスが挙げられる。日立製作所は約900両の車両リース・IoTを活用した保守サービスの契約を締結し，英国で鉄道ビジネスを展開している。それまで英国では，鉄道が老朽化し，遅延が頻発，たびたび事故が発生していた。この問題を，遠隔による状態監視と異常なセンシングデータの分析による故障モード解析に基づく次世代メンテナンス（IoT活用）と，部品交換サイクルの延長，在庫とサプライチェーンの最適化などを通じて解決し，定時運行，安全快適な運行を通じた利用者のQoL（Quality of Life）の向上を実現したのである。まさに単に1つの製品・サービスをお客様に提供するのではなく，イノベーションをもたらす総合システムを提供し，社会とビジネス顧客の現在および将来の課題を解決する社会イノベーション事業のグローバルな提供の例である。英国に7年間暮らした経験のある筆者にとって，英国で列車が定時にやってくるというのは，まさに英国における社会イノベーションと実感する。

2 ｜ 人財面からグループ・ビジョンを実現
　　　—グローバル人財マネジメント基盤の確立

　2012年と2015年の中期経営計画においてトランスフォーメーションの重点分野の1つに挙げられたグローバル人財マネジメントについては，具体的に「グローバル・グレーディング」「国内外のローテーションによる最適配置」「世界

中のリーダーが経営に参画」の３つが挙げられている。この方針を踏まえ，「グローバル人財戦略」が2011年６月に策定された。それ以前は，国内外のグループ企業がそれぞれ独自の人事施策を導入し，人財マネジメントを展開していた。従来の事業の方法では大きな問題は起こらなかったが，多岐にわたるプロダクト，サービス，ITを組み合わせてイノベーションを実現するという社会イノベーション事業では，グローバル規模で多様な人財の活用が重要となるため，グローバル人財マネジメント基盤の確立が不可欠となったのである。

　中でも，日本においては世界基準とは異なる人基軸の人財マネジメントであり，日本国内の人財マネジメントを世界標準である職務基軸（ジョブ型）への変革がグローバルと一体化した業務遂行という点で，不可欠であった。いまにいたる日立製作所におけるジョブ型人財マネジメントの目的は，グローバル規模での社会イノベーション事業を支える人財マネジメント基盤の確立にあると言える。

　まずは，上記の「グローバル人財戦略」に基づき，整備されたグローバル人財マネジメント基盤についていくつか紹介する。

2-1　グローバル人財データベースを構築

　グローバル規模で多様な人財を最適な形で配置・異動などを行うためには，グループ・グローバル企業内にどんな経験やスキルをもった人財がいるかを把握する必要がある。日立製作所がグローバル人財マネジメント基盤の構築で真っ先に行ったのが，2012年度に導入されたグローバル人財データベース（HCDB：Human Capital Data Base）であった。

　データベース化の対象は，海外の一部直接員を除く，グローバル規模の日立グループ約25万人の従業員である。彼らの人財情報を統一フォーマット（氏名，所属，メールアドレス，職歴等）でデータベース化し，構築された。グローバル人財データベースには，「個別人財の把握と管理」と「人的リソース配分等のマクロ経営数値の把握」という２つの側面により構成されており，グローバル人財マネジメント施策立案の基礎情報に活用され，後述の２-７「人財マネジメント統合プラットフォームで人財情報の見える化を実現」につながってきている。

2-2 個に合わせた育成重視のリーダーシップ開発

　「変化・変革をリードする人財」を「人選」し「創り込む」を旗印に，2012年度から実施しているのが，日本人以外を含めた将来の経営幹部の選抜・育成プログラムであるグローバル・リーダーシップ・デベロプメント（GLD：Global Leadership Development）である。具体的には，日立グループ内のKP（Key Position）のうち，日立製作所本社のビジネスユニットCEO，主要グループ企業の社長など日立グループ全体の戦略・業績に影響が大きい約40〜60ポジションを「KP＋」として選定。GT（Global Talent）のうち「KP＋」の候補者を「GT＋」として選抜・育成するというものだ。

　選抜・育成のプロセスは，「重要ポジションの選定」「重要ポジションの役割と人財要件の定義」「候補者の選抜」「候補者のアセスメント（パフォーマンスおよびポテンシャル）」「候補者の育成」の5つからなる。候補者の育成では，アセスメント結果を踏まえて個人別の育成プランを策定・実行。実行後に育成状況を確認し，次の計画が策定・実行される。さらに，経営研修の受講，経営監査プログラム，付加ミッション，エグゼクティブコーチングなどさまざまな育成プログラムが用意されており，個人アセスメント結果に基づいて，個々人に適したプログラムの受講が行われる。

　「GT＋」の選抜と育成方法は，該当部門の長＋HR責任者，CHRO（Chief Human Resource Officer），CDEIO（Chief Diversity, Equity & Inclusion Officer），事務局（グローバルタレントマネジメント部）からなる人財委員会で議論される。人財委員会では基本的に事業または部門ごとにセッションが開催され，2019年度は27セッション開催され，1セッションの実施約1.5時間であった。

　「KP＋」と「GT＋」の数は毎年変化し，たとえば，2015年度は「KP＋」は46ポジション，「GT＋」は480人であった。KP選定，KPの人財要件，アセスメント，育成などに関する方法は，毎年振り返りが行われ，必要に応じて見直しが行われている。

2-3　内部公平性と外部公平性（競争力）の両立を目指して処遇制度を改定

　2012年度には国内外の管理職対象の共通グレードが導入された。グレードの設定基準は世界標準のジョブグレードであった。ジョブ型人事の設計は，職務分析を行い，個別職務に対するジョブ・ディスクリプション（以下，JDと記載）から始まる（職務分析については第1章参照）。

　日立製作所の採用したした職務評価方法は，分析型職務評価であり，職務を構成要素に分けて，各要素について職務の相対的価値を評価する方法である。具体的には「影響」「折衝」「革新」「知識」の4つの要素に分けられ，さらに4つの要素がそれぞれ小分類に分けられ各項目で職務が評価される。そして，評価結果はポイントで表される。

　職務評価によって各職務の相対的な職務の価値（重要度・影響度・難易度など）が明らかとなり，新たなグローバル・グレードである日立グローバル・グレード（HGG：Hitachi Global Grade）が構築された。なお，HGGはグレードXおよびA〜Jの11グレードからなり，図表1は上位グレードを対象としたグレードイメージである。

　以上のように，2013年のHGGの導入により，まず管理職については，グループ・グローバルで共通の職務等級が導入され，各国における報酬マネジメントに活用されることとなった。グローバル統一基準の職務評価による処遇（社員等級・報酬など）の決定により，処遇に対する公平性が確保された。

　同時に重要なのは，外部公平性（競争力）の確立である。従来日本企業は，内部評価のみで従業員個人の報酬水準を決定する傾向が強かったが，本書で紹介している他社同様に，日立製作所でも内部公平性とともに外部公平性を重視している。報酬サーベイ等に参加するなどして，各国における労働市場のマーケットペイ）を収集し，賃金水準の決定の参考としている。具体的にはHGGの各グレードに属する従業員の報酬水準がマーケットの報酬水準と比較してどの位置にあるかに対する分布情報などを収集し，報酬水準の決定に役立てている。このマーケット基準による報酬決定という外部公平性を踏まえた人財マネジメントによって，優秀人材の獲得・リテンションの基盤ができあがった。

|図表1|　日立グローバル・グレード（HGG）のイメージ

Hitachi Global Grade	カンパニー（A社）					4要素（10次元）を基にした職務評価	
	日本本社	X国B社	Y国C社	Z国D社			
Top Exe.	社長					影響	職務が持つ責任範囲・業務分野に対する影響の性質およびスコープ
Grade A	副社長	CEO					
			総経理			折衝	組織内外における折衝に関する職務の責任
	事業部長	COO					
			副総経理			革新	サービス・製品の発見・改良・手法・技術等，職務に求められる要求レベル
Grade B	本部長	GM		President			
			部経理			知識	職務の責任を遂行するために必要最低限の知識レベル
	部長		科長	VP			
		Director					
Grade C				Director			

出所：労政時報　第3927号/17.3.24
　　　青山学院大学大学院国際マネジメント研究科「人材マネジメント」科目・講演資料

2-4　グループ・グローバル共通の従業員サーベイ

　2013年度からは，グループ・グローバルで共通の従業員サーベイ（Hitachi Insights）が導入されている。対象はグループ・グローバルの間接員全員。目的は「グループ・グローバル全体で共通のサーベイを毎年実施し，組織の弱み強みを知る」「従業員のエンゲージメント・レベルを定点観測する」「サーベイ結果に基づいてアクションプランを立案・実施し，従業員のエンゲージメント強化と組織パフォーマンス向上を図る」，などである。サーベイ項目は，「明確な方向性」「上司のマネジメント」「エンゲージメント」「会社への誇り」「チームワーク」「リソースおよびサポート」「学習と自己啓発」「キャリア形成の機会」「リーダーシップ」など。日本語・中国語・英語・タイ語・スペイン語・インドネシア語など20言語もの言語で用意されている。サーベイ結果は，グローバル優良企業との比較，日立グループ企業間での地域別・国別比較など多様な切り口で活用でき，日立グループ全体としての強み・弱み，各地域や事業ごと，職種ごとの強み・弱みが把握できるようになった。

2-5　パフォーマンス・マネジメント
―人財開発を重視し，組織と個のパフォーマンス向上を目指す

　管理職を対象としたグループ・グローバル共通グレードと同じ2013年度に，グローバル・パフォーマンス・マネジメント（GPM：Global Performance Management）がグループ・グローバルの一部の企業約3,000人に導入され，翌2014年度には対象範囲が日立製作所全従業員を含む約36,000人に拡大，2015年度以降からはグループ・グローバル全社に導入された。日立製作所では，パフォーマンス・マネジメントを「組織と個人のパフォーマンスを継続的に確認・改善していくプロセス」と定義している（個人パフォーマンスは成果と行動で測定）。日立製作所のパフォーマンス・マネジメントのこの捉え方は，これまで欧米を中心に展開されてきたパフォーマンス・マネジメントと一致したものである。

コラム　欧米のパフォーマンス・マネジメント

　欧米では，パフォーマンス・マネジメントを「組織構成員のパフォーマンス向上を通じて組織の長期的・継続的な成功を目的に実施される組織マネジメントプロセス」と捉える考え方が一般的である。なお，パフォーマンス・マネジメントの普及に伴い，以前はアプレイザルあるいはパフォーマンス・エバリュエーションと呼ばれていた人事評価ツールは，パフォーマンス・レビューという名称に置き換わっている。

　パフォーマンス・マネジメントのルーツは，ビヤーとルーが1976年に発表したコーニング・グラス・ワークス社の「パフォーマンス・マネジメントプロジェクト」で実施された従業員に対するマネジャーの職務ガイダンスとパフォーマンスのフィードバックの積極的な取組み（"Employee Growth through Performance Management"（Harvard Business Review, July-August 1976）と言われており，この取組みは，人材開発を重視する，マネジャーのパフォーマンス向上に対する支援を重視する，など現在のパフォーマンス・マネジメントのいくつかの特色を有している。

　その後，パフォーマンス・マネジメントは北米・欧州などを中心にそれ以前のMBOスキームに代わる形で広がっていった。パフォーマンス・マネジメントには

以下などの特色がある。
- 目標設定とパフォーマンス測定度合いの測定・評価の両面で，従業員本人の参画と同意を重視する。
- 目標達成のために期中でのマネジャーと従業員本人の，公式・非公式のコミュニケーションを含む頻繁な話し合いを重視する。
- パフォーマンス・マネジメントでは，目標達成度合いの測定・評価を行うパフォーマンス・レビューにおける処遇判断目的（Judgement Purpose）と人材開発目的（Development Purpose）の2大目的のうち，人材開発目的を重視する。

　GPMの実施プロセスでは，日々のフィードックやコーチングなどを通じて部下の目標達成と人財育成に対する上司のサポートが重視されており，この人財開発重視も欧米のパフォーマンス・マネジメントと同様である。そして，パフォーマンス・レビュー結果の活用では，日本で広く普及している処遇判断目的（Judgement Purpose）とともにタレントレビュー，キャリア開発支援という人財開発目的（Development Purpose）が挙げられている。ジョブ型人事によって，ジョブと連動した人財開発が具体化するため，人事考課に関しても人財開発目的が重視されることが考えられる。さらに，日本で処遇判断目的が重視されてきた大きな理由は，昇進や賃金水準などの処遇が内部評価のみで決定していたことにある。だが，今後は内部評価とともに労働市場での評価が昇進や賃金決定などに影響を与えてくることが予想される。そういった中，日立製作所のパフォーマンス・マネジメント全体，パフォーマンス・レビューの捉え方も，従来の日本型の処遇判断目的のみならず，人財開発目的も重視した方向に変化している。
　GPMでは，成果とともに行動（コンピテンシー）もパフォーマンス・マネジメントに組み入れており，期首に行動目標の設定を行い，期末に行動目標の発揮度合いをレビューする。行動目標を設定することで，社員個人に求められる行動を明確化することが目的である。行動をパフォーマンス・マネジメントの対象とすると，人財開発に効果的であることが広く知られている。成果は個人の努力だけではコントロールできない要因に影響を受けるが，行動は個人の努力によって望ましい行動を実現しやすいため，行動に対する向上意欲が高まるためだ。同時に，パフォーマンス・レビュー結果に対する公平性や納得性も向上する。さらに，行動は比較的，長期的に安定したものであるため，行動の

▎図表2 ▎　GPMの実施プロセス

出所：青山学院大学大学院国際マネジメント研究科「人材マネジメント」科目・講演資料

▎図表3 ▎　コンピテンシー一覧（事業環境の変化に応じて見直しあり）

管理職（People Manager） チームを率いて成果を出す人	非管理職（Individual Contributor） 個人として成果を出す人
・顧客にとっての新たな価値を創出する ・勝つシナリオを創る ・決断する ・目標を定め結果を出す ・ビジョンを示し，共感させる ・勝てる組織をつくる ・メンバーを奮い立たせる ・ネットワークを構築しコミットメントを引き出す ・グローバルに考える	・顧客にとっての新たな価値を創出する ・勝つシナリオを創る ・目標を定め結果を出す ・誠意ある一貫した行動をとる ・チームワークとコラボレーションを促進する ・コミュニケーションを通じ正しく伝える ・的確な意思決定を行う ・適応する ・自己認識と成長 ・グローバルに考える

出所：労政時報　第3927号/17.3.24
　　　青山学院大学大学院国際マネジメント研究科「人材マネジメント」科目・講演資料

改善・向上は組織の長期的パフォーマンス向上に寄与するという利点もある。
　GPMにおける行動目標の設定方法は，管理職（People Manager），非管理職（Individual Contributor）の2つの対象に設定されたコンピテンシー要件から，期首に目標が設定され，期末に目標達成状況がレビューされる。
　GPM定着に向けてはさまざまな取組みが行われている。たとえば，コーチングについて「コーチングを行いたいが，具体的にどうしたら良いか分からない」「上司としてはコーチングを行っているつもりだが，実際にはコーチングが十分でない」などの声を受けて，2015年度から部長職相当以上を対象に，

2016年度から課長相当職以上を対象にコーチング研修を実施している。

2-6　「Hitachi University」で教育・研修面での人財開発の効果性を向上

　日立製作所では，2015年度からグループ・グローバルの従業員約300,000人を対象に，グループ・グローバル共通の学習プラットフォーム「Hitachi University」を開始した。「Hitachi University」で提供されるのは，日立グループ共通基盤教育，全社研修機関主催の研修，グループ各社・事業所主催研修，ビジネス/ITスキルのe-learningなどである。共通学習プラットフォームの構築により，グループ・グローバルの従業員は必要な学習を必要なタイミングで申込・受講できることとなった。e-learningで導入されたLMS（Learning Management System）によって，受講者と教材の管理，個人の学習進捗や受講コースの管理などが行えるようになり，教育・学習に関する見える化が実現した。教育・学習面での人財の見える化が実現したことにより，急速に変化するビジネス環境，経営戦略，人財開発ニーズなどへの教育・学習面での迅速な対応が実現した。

　さらに，2022年10月よりさらに学習体験プラットフォームLXP（Learning Experience Platform）が導入された。LXPの特色は個人のキャリア志向やニーズに対応してAIにて学習内容を推薦されることにある。日立製作所がめざすジョブ型人財マネジメントに基づく自律的キャリア開発の浸透のためには，従業員 1 人ひとりが自ら学びたいと思える環境が不可欠として，同社はLXPの導入を決定したのである（日立アカデミーホームページ「自分のキャリアを自分でつくる。学びをもっと身近に，LXPによる新しい学習体験」参照）。

2-7　人財マネジメント統合プラットフォームで人財情報の見える化を実現

　日立製作所では2016年度から徐々に人財情報の総合的な見える化システムであるHR統合ソフトウエア「Workday」を活用した「人財総合プラットフォーム」を導入している。同プラットフォームは，2016年度に24社約3,600人がパイロット参加したことに始まり，2018年度には日本の約73,000人に対象が拡大，さらに，2019年度にはグループ・グローバル企業257社約151,000人と拡大している。

「人財総合プラットフォーム」導入の理由は，「複数のシステム・データベース（パフォーマンス管理システム，個人基本情報システム），紙の書類（査定調書，人事異動伺），人の頭の中（スキル，経歴，キャリア希望），人事部門（年収，評価歴，学歴）などの中に点在していた人財情報を，グローバルに統合し，適切に情報開示を行うことで，人財マネジメントの効果性は飛躍的に向上する」というものであった。

3 | 日立製作所の動き—グループ・グローバル共通の人財マネジメント基盤に連動した本格的ジョブ型人財マネジメントを目指す

3-1　管理職対象にジョブ型人財マネジメントを導入

2013年度のHGG導入によって管理職に対するジョブ型のグローバル・グ

図表4 | グループ・グローバル共通の人財マネジメント基盤と日立製作所管理職の改定後の処遇制度の関係

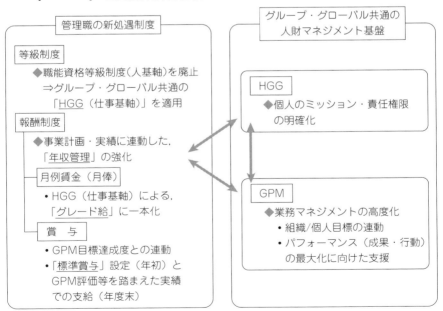

出所：労政時報　第3927号/17.3.24
　　　青山学院大学大学院国際マネジメント研究科「人材マネジメント」科目・講演資料

レード構造が構築され，2013年度にはグループ・グローバルでマネジャーの報酬マネジメントへのHGGの活用が始まった。さらに，GPMによるグループ・グローバルでのパフォーマンスと処遇の連動も確立した。このグループ・グローバル共通の人財マネジメント基盤に連動する形で，2014年度に日立製作所の管理職に対する仕事基軸（ジョブ型）の処遇制度（社員等級・報酬）へと改定がなされた。

　なお，管理職については，仕事基軸（ジョブ型）への転換を図ったが，この時点では，一般社員については，職能資格制度が維持された。当時は，人財の多様化が進んでおり，外国人や経験者の採用も増えているものの，新卒一括採用，職務ローテーションによる中長期的な育成などの人財マネジメント施策と

┃ 図表5 ┃　管理職の社員等級の改定

補完性を考えると，職能資格等級を維持すべきと判断された結果であった。

　最初に社員等級についてであるが，2014年10月に日立製作所の全管理職（約1万1,000人）に対して，従来の人基軸の職能資格等級が廃止され，報酬は仕事基軸（ジョブ型）のHGGに紐づくこととなった。従来の職能資格等級では，管理職等級は4区分（4等級～1等級）からなっていたが，HGGではX，A～Fの7区分（最上位のXは役員クラスを含む）となり，担当職務に応じて該当するグレードに格付けされた。今後は，組織再編等で職務やポジションが変更となった場合には，その都度グレードの見直しが行われる。

　次いで，報酬制度について。報酬は年収管理強化の方針に基づき，月例賃金（月俸）と賞与の両面で制度改訂が行われたが，本稿では月例賃金に焦点をあてて紹介する。改訂前は資格給（人基軸の職能給）と職位加算給（仕事基軸の役割給）で構成されており，資格給は職能等級別のレンジ給，職位加算給は職位別の定額であった（職位加算給は，月俸の3割程度）。これに対して，新しい月俸ではHGGに基づくグレード給に一本化された。個人の賃金額は，職務評価によって決められた担当職務の内容に応じて，グレードが決められる。その結果，賃金改定は，①グレードが異なる職務に配置されたとき，②年1回の

｜図表6｜　改訂前と改訂後の月俸

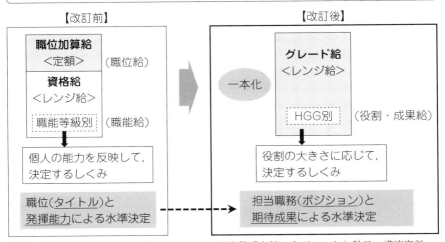

出所：青山学院大学大学院国際マネジメント研究科「人材マネジメント」科目・講演資料

定期月俸改訂時，の2つのタイミングで行われることとなった。なお，以前は，過去の実績に基づいて判断されていたが，改訂後は将来の期待を重視し，担当職務に応じた当該年度の成果期待に着目する方向に変更された。

3-2　マーケット重視の方向へ，さらなるジョブ型人財マネジメントの進展

　以上のとおり，日立製作所は2014年度に管理職対象にジョブ型人財マネジメントが導入されたと考えられるが，その後，さらにマーケットを視野に入れた方向で人財マネジメント改革を進めている。ジョブ型人財マネジメントが浸透すれば，個人の知識・スキル・経験・行動などの人財要件が具体的に見える化できる。その結果，組織内では人財開発はより自律的となり，タレントマネジメントの効果性が向上するなどの変化が起こる。同時に，人財要件の見える化により，転職可能性が高まり，健全な人財流動化が起こる。この変化を認識している日立製作所では，社内・社外を意識して人財マネジメントの改革を行っている。

　具体的には，JDの作成と社内外への公開である。2021年には約450種類の標準的なJD（ひな形）が作成され，管理職の個別の職務に対するJDを作成し，2022年にはJDの対象を一般職の職務に拡大している。そして，2022年秋から順次，採用ポジションごとにJDの外部への公開を行っている。目的は外部採用の円滑化にある。ここからは，日立製作所が採用というマーケット型人財マネジメントのキーとなる領域で，変革を行っていることがわかる。

｜図表7｜ 経験者採用のジョブ・ディスクリプションの例

◆人財統括本部
研究開発部門における戦略実現に向けた組織設計，人財配置・育成等の制度及び施策の企画立案実行

職務内容	【配属組織名】 人財統括本部 研開人事総務本部 研開人事・勤労部 タレントマネジメントユニット 【配属組織について（概要・ミッション）】 ＜ミッション＞ 日立の戦略実現のために，タレントマネジメント及び組織開発領域の仕組み・制度・基盤のデザイン・開発を行います。 ＜期待する役割・責任＞ 担当者として，組織設計，人財配置，人員計画，人財育成，パフォーマンス管理の施策・制度の立案・実行について，主体的に業務を遂行して頂きます。 課題解決に当たっては，社内外の情報を収集し，自らの考えを積極的に発信しながらも，周囲と協調・連携しながら業務を遂行する役割を期待しています。 【携わる事業・ビジネス・サービス・製品など】 研究開発グループは，日立グループの幅広い事業に関する研究開発を担っています。 約3,000名ほどの研究者が在籍している研究所のHR部門で従事頂きます。 【募集背景】 当社が成長するには，戦略実現のための組織設計，組織の各ポジションに最適な人財の配置，人財育成を行うことが求められます。 また，ジョブ型人財マネジメントの推進を通じ，イノベーションを創出する「組織」と「人財」を生み出すことをめざしています。 このような取り組みを強力に推進するために，体制を補強すべく新たなメンバーを募集します。 【職務概要】 研究開発グループにおける人事担当として，施策の企画立案・運営を行います。 【職務詳細】 1．戦略実現のための組織設計，人財配置計画の策定，実行 2．戦略的な人員計画策定，実行 3．後継者計画を含む人財育成計画策定，実行 4．従業員のパフォーマンス管理

	【ポジションの魅力・やりがい・キャリアパス】 【仕事の魅力・やりがい】 日立の研究開発グループの戦略実現に向けた組織設計，人財配置・育成に関する提案を行います。（以下，略）
待遇	【想定ポジション】 担当者クラス ※募集開始時の想定であり，選考を通じて決定の上，オファー時にご説明いたします。 【給与】 ■想定月給：236,500〜425,000円 ■想定年収：4,200,000〜7,500,000円 【勤務時間】 8：50〜17：20（実働7時間45分，休憩45分） ※事業所によって時間帯が異なる場合あり。 その他採用条件についてはこちら 【更新日】2023年8月25日
勤務地	日立研究所（茨城県日立市） ※上記勤務地で数年間，業務を経験したのち，他の研究開発部門の勤務地へのローテーションを予定しています。

出所：https://hitachi.jposting.net/u/job.phtml?job_code=635

◆Job Description（データサイエンティストの例（簡易版））

項目	内容
職種（職務名称）	データサイエンティスト（マネージャー）
ポジション名	**A事業部　データサイエンテイスト（部長）**
日立グローバルグレード （HGG）	C
レポートライン	A事業部長
職務概要・責任・期待行動	**データサイエンスの観点で顧客の経営課題を解決する。** •顧客との対話を通し，顧客課題を抽出し，分析結果から「あるべき姿」を導き出し，解決策（ソリューション）を提案する。 •**社内関係者・同僚と協働しながら**プログラムの開発，実装までPJをリードする。

必要な能力・スキル （教育・資格・実績）	・日立データサイエンス資格2級以上・英語力（TOEIC 800点以上） ・多様なステークホルダーとの質が高い人脈形成力 ・コンプライアンスに対する正しい理解と高い意識
必要な経験	・IT，又はOT業界において，5年程度の実務経験 ・3年以上の管理職経験・50億円以上の海外プロジェクト経験

出所：青山学院大学大学院国際マネジメント研究科「人材マネジメント」科目・講演資料

3-3　会社と個の新たな関係─仕事をキーとした対等なパートナーへ

　従来は新卒一括採用によって職種や職務を限定しない雇用契約を結んで，人に仕事を割り当てるという日本で普及したメンバーシップ型人財マネジメントを行ってきた日立製作所であるが，多岐にわたる人財マネジメント施策の変化によって，マーケットを意識した形でのジョブ型人財マネジメントにシフトしてきている。

　さらに，ジョブ型人財マネジメントによって目指すのは会社と個人の関係変化である。日立製作所が目指すジョブ型人財マネジメントの施策全体をまとめたのが，図表8である。「職務の見える化」施策が図表8の左上（A）のジョブに基づき処遇を決めるグループ・グローバル共通HGG（日立グローバル・グレード）とJDの社内外への公開である。「人財の見える化」を可能にする施策が，図表8の右上（B）の従業員個々人の職歴，キャリア志向，スキル，資格など人財を可視化して共有する「人財マネジメント総合プラットフォーム」とタレントレビュー，グループ・グローバル共通の評価システムであるGPMである。そして，見える化された職務と人財情報に基づき，図表8の下（C）に示した，1on1ミーティング，タウンホールミーティング，Eラーニング（LMS・LXPなどHitachi University提供の学習ツール），GPMのフィードバック，セルフキャリアチェックなどの施策を通して，日々の業務遂行と能力開発を支援していく。これらの一連の活動を継続することで，会社と個人は「仕事をキーとした対等なパートナー」となっていくのが，日立製作所のジョブ型人財マネジメントが目指す方向である。

│図表8│ 日立が目指すジョブ型人財マネジメント（全体施策）

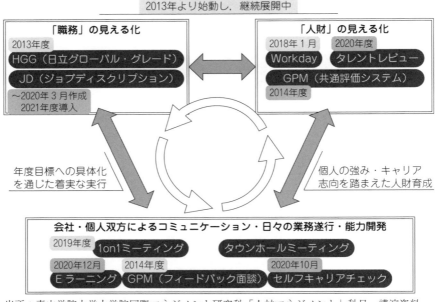

出所：青山学院大学大学院国際マネジメント研究科「人材マネジメント」科目・講演資料

4 │ 日立グループ・ビジョン実現を目指し，人財部門の役割を改革

4-1 実態とあるべき姿から今後の人財部門の役割を設定

　これまでは人財マネジメントの施策面でのさまざまな改革をみてきた。同時に，日立製作所では人財部門の役割改革という人財マネジメントの機能面での改革も行っている。背景には，日立グループのビジョンである「社会イノベーション事業をグローバルに提供」の実現のために，人財部門は「ワールドクラスの人財部門」というビジョン（ゴール）の設定がある。日立製作所では，2012年度に役割改革実行に先立って，人財部門の業務に関する実態とあるべき姿を知るために2つのサーベイ調査を行った。1つは人財部門の業務実態を知るために，業務をStrategic（戦略）・Consultative（課題解決）・Administra-

┃図表9┃　人財施策アセスメント調査結果

●事業ラインが考える人財部門の業務重要度と満足度

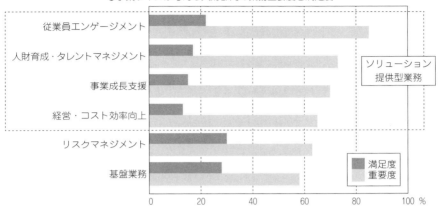

出所：労政時報　第3877号／14.11.14
　　　青山学院大学大学院国際マネジメント研究科「人材マネジメント」科目・講演資料

tive/Others（管理その他）の3つに区分し，どの業務区分を行っているかを，人財部門全員に聞いた「業務実態調査」である。もう1つは人財部門のあるべき姿を知るために，部長以上の事業ラインと人財部門の主任以上を対象に実施した「人財施策アセスメント調査」である（**図表9**参照）。

　このうち「人財施策アセスメント調査」からは，「従業員エンゲージメント」「人財育成・タレントマネジメント」「事業成長支援」「経営・コスト効率向上」という成長戦略に必要なソリューション提供型業務の重要性が高く認識されているが，満足度は比較的低いことがわかった。これに対して「リスクマネジメント」「基盤業務」などの管理業務については，満足度は高いものの，重要度はソリューション提供型業務に比べて高くないことがわかった。この結果を受けて，人財部門ではラインにとって重要度の高いソリューション提供型業務により焦点をあてる必要性があると再認識した。

　日立製作所役員へのインタビューと「人財施策アセスメント調査」の自由回答からは，事業成功に関わる業務に関しては，ラインが主体的に取り組む必要があると認識されている反面，ラインとともに人財部門の積極的支援を要望する意見，人財育成や従業員エンゲージメント向上に対する人財部門の主体的取組みを期待する意見などが寄せられた。同時に，管理・オペレーション業務の

│図表10│　役割改革の基本的な考え方

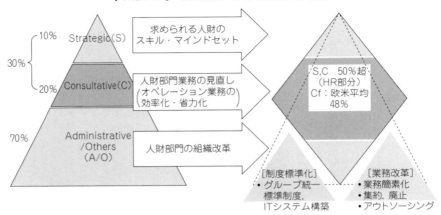

出所：労政時報　第3877号/14.11.14
　　　青山学院大学大学院国際マネジメント研究科「人材マネジメント」科目・講演資料

うち，必要なものには人財部門による継続的な対応も期待されていることもわかった。以上の結果を受けて，ラインの事業戦略への直接貢献できる人財部門をめざして「人財部門の役割改革」「人事制度標準化・業務効率化」という2つの対応が決定された。

　他方，「業務実態調査」で明らかとなった人財部門員が実際に行っている業務の3区分の割合は，Strategic＝10％，Consultative＝20％，Administrative/Others＝70％であり，管理業務が中心であった。この3区分の割合を図で表すとピラミッド型となる（**図表10**の左側）。これを事業に貢献できる真のビジネスパートナーとなるために，グローバル企業を参考にして，StrategicとConsultativeの割合を50％以上との目標を設定した。同時に「人事制度のグループ統一化・ITシステム構築による制度標準化」と「業務簡素化・集約・廃止・アウトソーシングなどによる業務改革」を進めることで，現在70％の部分を占めるAdministrative/Othersを50％まで減らすこととした。これらの改革によって，3区分の割合を図で表すとひし形となる（**図表10**の右側）

　StrategicとConsultativeの業務割合を増やすとの方針の下，同社は新たな人財部門の役割・機能として，センターオブエクスパティーズ（COE），ビジネスパートナー（BP），HRシェアドサービス（HRSS）の3つを設定した。グローバルレベルの経験・ノウハウの蓄積と発揮によってグローバル競争に優位な制

｜図表11｜　新たな人財部門の役割・機能のコンセプト

機　　能	内　　容	業　務　例
ビジネス パートナー （BP）	**事業戦略を実現する（人財）ソリューションの提供** ・ビジネスの最前線に常に臨席し動向と将来プランを共有 ・そこで見出した人財面の課題に対して，COE/OPEの支援を得てソリューションを提供する ⇒ビジネスの可能性を拡げる	・事業計画に沿った人財の確保・育成・配置 ・M&Aに当たってのDD，PMI等
センターオブエ クスパティーズ （COE）	**経験・ノウハウの蓄積・発揮（制度構築・提供）** ・グローバルレベルでの人財に関する専門性を蓄積・発揮 ・BPと協調し人財力最大化の仕組みを構築（制度構築・提供）	・グローバル競争に優位な処遇の仕組み構築 ・各国法律にのっとった労使関係の構築
オペレーション エクセレンス （OPE）	**最新のITを駆使し，（人財）業務を高品質・高効率で実行** ・競争力のある人事・勤労・総務サービスを提供。常にその改善を追求	・ソリューションを実行に移すオペレーションの提供

出所：労政時報　第3877号/14.11.14
　　　青山学院大学大学院国際マネジメント研究科「人材マネジメント」科目・講演資料

度設計などを行っていくのがCOEである。そして，BPはビジネス最前線のラインリーダーと将来プランを共有し，事業戦略を実現する人財ソリューションを提供していく。さらに，HRSSは最新のITシステムや社内外のリソースを駆使して，高品質・高効率な人財業務を実行する。

　以上のように，事業部門との協働によって人財面から事業戦略を実現する高い戦略性を有するBP，戦略的人財マネジメントを実行に移す高度な専門性を有するCOE，高品質・高効率で人財業務を実行するHRSSが機動的に機能することで，これまでの管理中心の人財部門からビジネス変革に積極的に貢献する高レベルの人財戦略を実行する人財部門への転換をめざして役割改革が実行されている。序章で紹介したとおり，国際比較調査からは「人事に関する意思決定権は強いが，戦略性は強いとはいえない」という日本の人事部の特色が指摘

されており，また，新卒一括採用に基づきローテーションが普及している日本型人事において「専門性も高いとはいえない」のが日本の人事部であろう。そういった中，グローバル企業との比較から戦略性・専門性の強化をめざして人財部門の改革を実行した日立製作所は，日本の中で先駆的な企業といえる。

　グローバルレベルではグループ・グローバル規模の共通人財マネジメント基盤を構築。日本国内では，マーケット重視のジョブ型人事の導入という人事施策面での改革と，人財部門の改革という人事機能面での改革を実施。以上のように，人財マネジメントの総合的・抜本的な改革に向けて挑戦を続ける日立製作所。今後の動きにますます注目していきたい。

キャリアバンドと職責レベルのマトリックスにより
キャリアパスを提示
——約100種類におよぶ詳細なジョブファミリーで
キャリアパスの具体性・効果性を飛躍的に向上——

東京エレクトロン

1 ｜ 経営統合交渉のプロセスで触れた米国・多国籍企業の人事の実態

　東京エレクトロンは1963年に東京放送の出資によって設立した。当初は，技術専門商社としてスタートした同社は，60年後の現在，半導体製造装置の世界のリーディングサプライヤーに成長し，海外売上比率も80％を超えている。そんな東京エレクトロンは，人事分野でも日本の先駆け的な取組みを行っており，2017年に等級・報酬制度を，2018年に評価制度，退職金制度，定年後再雇用制度など人事制度を改定した。人事制度改定は，同社の「Global HR プロジェクト」の一環であり，人事制度以外にも2016年にスタートしたエンゲージメントサーベイ，所得補償保険の導入，統合HRソフトウエア「Workday」の導入・運用開始などさまざまな人事関連プロジェクトが実施されている。本稿では，等級・報酬制度と評価制度の改定，教育・研修面の取組みに焦点をあてて目的と内容などを紹介する。

　等級・報酬制度と評価制度改定の大きな要因となったのは，2013年にスタートした世界最大の半導体製造装置メーカーであるアプライド・マテリアルズ（以下，アプライド社）と，半導体製造装置メーカー世界第3位（当時）の東京エレクトロンとの経営統合であった。結局，経営統合については，2015年4月に解消となったが，経営統合交渉のプロセスで触れた米国・多国籍企業の人事の実態は，東京エレクトロンの人事に大きな影響を与えたのであった。

　当時，人事分野の経営統合交渉に関わった専務取締役・Global Business Platform本部長の長久保達也氏は「アプライド社は人事の仕組みを懇切丁寧に説明してくれました。日本との違いに驚きましたが，彼らの仕組みを理解して

いくうちに，これは競争力の源泉ではないかと感じるようになりました。会社の資産は，結局は人です。1人ひとりがどういう意識，行動で日々取り組んでいくか，エンゲージメントが実現できているか，それで競争が決まる。これまでの日本企業はどちらかというと現場の頑張りに頼っている面がありましたが，それではグローバルな競争に打ち勝つことはできない。これは変えなくてはいけないと感じました」と，経営統合交渉のプロセスで知った米国企業の人事に対する取組みが，同社に影響を与えたことを語る。HR統合アプリケーション「Workday」の導入に携わった人事部長代理の竹内かおり氏は「アプライド社の進んだHRIS（Human Resource Information System）に刺激を受けた」と，長久保氏は「まさに黒船の中に入った感覚」と当時の体験を表現する。

　以上のように，アプライド社との経営統合交渉が人事変革の必要性を痛感するきっかけとなった。だが，もちろん東京エレクトロンの人事改革にはこれ以外にも，さまざまな理由がある。海外売上比率が8割を超える同社にとって，競合他社はほとんどが外国企業であり，半導体のメジャープレイヤーである東京エレクトロンにとって，競争市場はまさにグローバル市場である。そういった環境下で持続的成長を実現するためには，競争力の源泉である社員のエンゲージメントや育成が重要である。そのためには，明確なキャリアルートの提示に基づくキャリア開発，評価・処遇に対する透明性・公平性の確立，グローバルレベルでの報酬に対する外部公平性（競争力）の確立などが必要となる。同時に，グローバルで競争力を高めるためには，グローバル・グループレベルで一貫したレポートラインや人事施策の構築などグローバル共通の人材マネジメント体制を構築することが重要である。以前は，各リージョンで独自に設定していた人事施策をグローバルで共通化していくことも，同社にとって人事改革の大きな目的であり，「Global HR プロジェクト」に取り組んだ理由である。

2 ｜ キャリアパスに直結した職責ベースの社員等級（Global TEL Career-paths）を導入

2-1　社員等級改定の目的

　従来の社員等級では，基本的に能力を基準に等級制度ができていた。ライン管理職相当（Sクラス以上）に関しては，各ポジションに対して役割グレード

が当てはめられていた。だが，旧等級制度では，昇格に過去の評価ポイントの累積や滞留年数を重視する運用がなされているなど，年功的な色彩が拭えなかった。これでは，公平・公正な処遇の実現や社員のエンゲージメント，優秀人材の採用や抜擢に適していないとして，以前から課題として認識されていた。

さらに，役割グレードが適用されるライン管理職・高度専門職相当等級では，高度専門職のキャリアパスや処遇が明確化しにくかった。その結果，自分自身の専門分野を追求しようとした場合，キャリアの方向性を具体的に描くことが難しかった。同時に，世界各国のグループ企業が異なる社員等級構造をもっていたため，グローバル規模のグループ企業全体の中で，自身はどのような位置づけの人材なのか，あるいはどの程度の人的要件のレベルの人材なのかが，わかりにくい状況であり，海外売上比率の高いグローバル企業としては，こちらも大きな課題であった。

そういった課題解決を目指して，社員等級の基準が従来の能力基準と役割基準が混在した等級制度から，職責ベースの職務基準に改定され，職責をベースにグローバル共通の社員等級体系GTC（Global TEL Career-paths）ができあがった（**図表1**参照）。

2-2　ジョブファミリーとキャリアバンドで具体的なキャリアパスを提示

新たに導入されたGTCの特色として，まず紹介するのがグローバル共通の約100種類のジョブファミリーの設定である。細かくジョブファミリーを特定して，各ジョブファミリーに対して，職務内容と，職務が要求する知識・スキル・経験などの人的要件を明確化し，ジョブファミリーごとに各等級レベルが求める職務と人的要件のレベルを具体的に提示しているのが，東京エレクトロンが導入したGTCだ。ジョブファミリーの設定が細かければ細かいほどキャリアパスが具体的に提示できるため，キャリア開発などに効果的である。これは欧米などジョブ型・マーケット型人事が浸透した国で普及した方法であり，第2章の「ハイテク産業サラリーサーベイ」で紹介した「セールスジョブファミリーのキャリアマップ」（**図表2-16**）などがこれにあたる。

東京エレクトロンは，詳細なジョブファミリー別人材マネジメントを導入した日本における先駆企業といえる。ここまで詳細なジョブファミリーに落とし込めば，計画的・効果的なキャリア開発やタレントマネジメントが実現するし，

| 図表1 | 等級制度を「能力基準」から「職務基準」へ改定

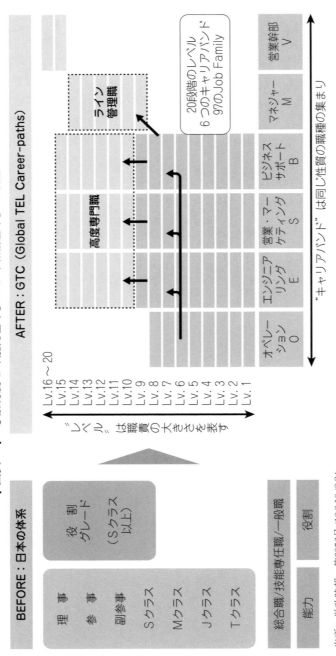

出所：労政時報　第3956号/18.8.10/8.24

個人の側からも自らのキャリアパスを具体的に描くことができるため，自律的キャリア開発の実現に非常に有効となる。

　たとえば，**図表2**に示されている「Technical Support Engineer」を見てみると，職務内容として「難易度が高い開発品・新規装置・既存装置のトラブルやアフターサービスに対して，最適なソリューションを立案し，実行する」などの職務内容が示され，さらに職務遂行に求められる人的要因（知識・スキル・経験）として「機械工学の深い知識，電気・電子工学の深い知識」などが示されている。

　加えて，同一性質のジョブファミリーをまとめて「オペレーション」「エンジニアリング」「営業・マーケティング」「ビジネスサポート」「マネジャー」「経営幹部」の6つのキャリアバンドを設定した（**図表3**参照）。

　キャリアバンドごとに定義が決められており，各キャリアバンドに含まれるジョブファミリーの例が示されている。たとえば「エンジニアリング」キャリアバンドならば，定義は「革新的な技術と多様なテクノロジーにつながる，もしくは，現場での習熟や資格が求められる技能やスキルを用いる仕事を通じて，東京エレクトロングループに貢献する」などであり，含まれるジョブファミリーには「Technical Support Engineer」「Electrical Engineer Mechanical」「Mechanical Engineer」などがある。

　グループ企業全体で共通のジョブファミリーとキャリアバンドの導入によって，どの国に位置する，どのグループ企業にどんなジョブファミリー・キャリアバンドに属する人がいるかを正確に把握できるようになった。グローバル規模のプロジェクト編成や，国をまたいだ異動，グループ・グローバル規模のタレントマネジメントが効果的・効率的に行えるようになった。個人の側にとっても，自分自身の仕事のグループ全体での位置づけが明確化し，キャリアパスも描きやすくなった。

　異動に関しては，ジョブファミリーを超えた異動は頻繁に行われるが，「マネジャー」へのキャリアバンドの転換を除けば，基本的には同じキャリアバンドの中でキャリアパスを描いていく。もっとも，全くキャリアバンドを超えた異動がないわけではない。たとえば，エンジニアが技術面での営業担当になった場合には，「エンジニアリング」キャリアバンドから「営業・マーケティング」キャリアバンドに転換するなどがある。

図表2　「Job Family」のイメージ

Job Family	内　容	いわゆる一人前の知識・スキル・経験
Field Applications Engineer	・…… ・…… ・……	・…… ・…… ・……
Technical Support Engineer	・…… ・…… ・……	・…… ・…… ・……

約100種類のJob Family

例えば Technical Support Engineerとは…

Job Family	内　容	いわゆる一人前の知識・スキル・経験
Field Engineer Field Technician …… Technical Support Engineer	・難易度が高い開発品・新規装置・既存装置のトラブルやアフターサービスに対して、最適なソリューションを立案し、実行する。 ・高い顧客満足と自社の受注・売上・利益の最大化を目指し、顧客と開発設計部門との架け橋となり、顧客に近い立場から開発設計部門への情報提供および技術支援を行う。 ・顧客ニーズを的確に捉えたポストセールス（装置の改造、性能向上、コントラクト・サービス等）を企画・提案し、営業と連携して装置およびサービスの販売活動を行う。	・機械工学の深い知識、電気・電子工学の深い知識 ・情報工学の知識、化学の知識。定数の使用に関する知識 ・TEL重要基本作業の知識。高い交渉力 ・装置技術に関する深い知識。高い問題発見力 ・高度な母国語以外の語学力（仕事関連の文書のみならず、複雑な内容の長文、文書を読み、状況の説明や自身の考えを適切に書き表すことができる。加えて、日常会話のみならず業務における会話や会議論をほとんど理解することができ、自身の考えや意見を述べ、業務における要求や質問に対して適切に答えることができるレベル）

※各国、各部署にヒアリングし、TELグローバルに存在する "Job Family"（職種）を定義。

図表3　キャリアバンドの定義と種類

同じ性質の"Job Family"（職種）を束にしたもの

オペレーション (O)	エンジニアリング (E)	営業・マーケティング (S)	ビジネスサポート (B)	マネジャー (M)	経営幹部 (V)
・主として、現場での定型業務中心の仕事を通じて、東京エレクトロングループに貢献する ・特定のタスクの完遂に焦点が置かれるケースが多い	・革新的な技術力と多様なテクノロジーにつながる。もしくは、現場での習熟や資格が求められる技能やスキルを用いる仕事を通じて、東京エレクトロングループに貢献する ・柔軟性、多様性をもった判断を求められるケースや、技能が必要なタスクの完遂に焦点が置かれるケースがある	・独創的な提案力と業界や事業の成長につながる。営業ならびにマーケティングの仕事を通じて、東京エレクトロングループに貢献する ・柔軟性、多様性をもった判断を求められるケースが多い	・強固な経営基盤と事業の成長・生産性の向上につながる、ビジネスリーダーや現場を支援する仕事を通じて、東京エレクトロングループに貢献する ・柔軟性、多様性をもった判断を求められるケースが多い	・複数名の正社員の部下をもち、人と組織を動かして成果をあげることを通じて、東京エレクトロングループに貢献する ・管掌する組織の戦略目標の達成、ならびに人材の育成、管理に責任をもつ	・難易度が高く、複雑な意思決定を行い、東京エレクトロングループの事業を運営する ・通常、組織における重要な機能の長である
Job Family例 ・Administrative Support ・Secretary ・Stock	Job Family例 ・Technical Support Engineer ・Electrical Engineer ・Mechanical Engineer	Job Family例 ・Account Sales ・Product Sales ・Market Analyst ・Product Marketing	Job Family例 ・Financial Accounting ・Treasury ・HR Generalist ・Logistics Management	Job Family例 ・Engineering Management ・Production Operation Management	Job Family例 ・Executive Management

出所：労政時報　第3956号/18.8.10/8.24

2-3　キャリアバンド別の職責レベルからなるGTCを導入

　東京エレクトロンの社員等級（GTC）は，6つのキャリアバンド別に20の職責レベルからなる。前述のとおり，ジョブファミリーとキャリアバンドによって，具体的なキャリアパスが設定できる点に焦点をあてて，社員等級の名称がグローバル共通の東京エレクトロングループのキャリアパスとの意味をもつ "Global TEL Career-paths" となっており，まさに名称が内容を表している。

　ジョブ型人事の設計は，職務分析によって抽出した職務情報に基づきジョブ・ディスクリプション（以下，JDと記載）を作成し，JDを基に組織内の職務間の相対的価値（重要度・影響度・難易度など）を評価し，等級構造を構築する，というステップをとる（職務分析・職務評価については第1章参照）。だが，東京エレクトロンでは，個別ジョブごとにJDの作成はせず，たとえば人事ならば，ジョブファミリーグループはHR，ジョブファミリーはHRジェネラリスト，HR CoE（Center of Excellence）といった具合に細分化されているという。どうやら，テンプレートを活用して職務情報を収集し（第1章の職務内容と職務遂行に要求される人的要因に関する情報収集の具体例(2)参照），ジョブファミリーごとに個別職務の簡易JDを使って，キャリアパスを明確化するという，欧米など海外で普及している方法をとっているようだ。第2章「7-2」で紹介した2つのマーケットサラリーサーベイを活用した方法に類似したものと思われる。

　社員等級の縦軸に設定されている「レベル」は，グローバル企業と同じ仕組みで設定したという意味で "市場と連動した職責レベル" と同社では捉えている。社員等級構造の設計は，基本的にはWTW社のGGS（Global Grading System）に基づいている。GGSは，職務評価方法のうちの非分析型職務評価のジョブ・クラシフィケーションである（職務評価方法については第1章参照）。ジョブ・クラシフィケーションは，あらかじめいくつかの等級を設定しておき，さらにそれぞれの等級に対して職責・個別タスク・スキル・経験・行動などのレベルを設定して，個別職務を対応する等級に格付ける方法である。GGSでは，「専門知識」「事業の知見」「リーダーシップ」「問題解決」「影響の性質」「影響の範囲」「対人スキル」の7つのファクターによって個別職務のグレードを決定する。

｜図表4｜「レベル定義書」のイメージ

レベルごとに求められる職責を明文化したもの。上位レベルを目指す上での基準となる

20段階のレベル

例えば
Lv.8の職責とは…

レベル	責任の範囲・影響	意思決定・他者との関係	専門知識・経験・スキル
20	……	……	……
9	……	……	……
8	● 特定の領域において、所属部署内でも難易度の高い、もしくは所属組織への成果に大きな影響を与える業務を担当する ● スペシャリストとして、担当領域、もしくは所属部署内の業務改善、生産性や質の向上にも関与する ● 定型業務については、他者の追随を許さないレベルの卓越した技能を発揮し、担当領域の業務の質の向上、改善に貢献する	● 上長や所属部署内外の他者に、新しい方法やアイデアを提供することもある ● 担当者として、部をまたいだ協働や調整に関与する場合もある ● 社外の顧客・関係者に対する折衝も、必要に応じて自ら対応する ● 後輩社員に対して、担当領域のスペシャリストとして技術的な指導を行う	● Lv.7の要件に加えて ● 所属部署の方針、重点施策、アクションプランを理解し、担当業務の判断に反映している ● （定型の場合）社内でも比類のないレベルの技能・経験を有していると認知されている
1	……	……	……

※グローバルで広く用いられているウイリス・タワーズワトソン社の手法を基に"レベル"を定義。

出所：労政時報　第3956号/18.8.10/8.24

　GTCではGGSを基にしながらも東京エレクトロングループにおける社内価値を加えて作成した「レベル定義書」を用いて個別職務のレベル格付けを決めている。たとえば，GGSでは，Management Career PathとIndividual Contributor Career Pathの2つのキャリアパスからなるが，GTCの「レベル定義書」は6つのキャリアバンド別に設定されているなどの違いがある。

　職責レベルの定義書は「責任の範囲・影響」「意思決定・他者との関係」「専門知識・経験・スキル」の3分野からなる。職責レベル8の定義書から内容をみると「責任の範囲・影響」では「特定の領域において，所属部署内でも難易度の高い，もしくは所属組織への成果に大きな影響を与える業務を担当する」，「意思決定・他者との関係」では「上長や所属部署内外の他者に，新しい方法やアイデアを提供することもある」，「専門知識・経験・スキル」では「（職責レベル7の要件に加えて）所属部署の方針，重点施策，アクションプランを理解し，担当業務の判断に反映している」などが挙げられている。

　この各職責レベルで特定されているレベルと，個別ジョブファミリーに対して特定されている「職務内容」「職務遂行に求められる人的要件」のマトリクスによって，社員各人が求められる要件が具体化される。その結果，評価や人材開発などさまざまな面の人材マネジメントの指針が示されることとなる。

　図表1のGTCの体系（AFTER：GTCの部分）をみると，「エンジニアリング」「営業・マーケティング」「ビジネスサポート」の3つのキャリアバンドの職責レベル10以上が高度専門職として位置づけられ，職責レベル8以上で，3つのキャリアバンドの一部の社員が「マネジャー」キャリアバンドに移行している。これは第2章で紹介したジョブファミリー別キャリアパス構造と同じで，この点でも，東京エレクトロンのGTCは欧米などジョブ型・マーケット型人事の普及したキャリアパス構造と一致している。

　このようなキャリアパスと直結している等級構造では，高度専門職としてのキャリア開発を伸ばしたい人にとっても，ライン管理者としてキャリアを伸ばしたい人にとっても，自身のキャリア開発の方法が具体的に提示される。以前の能力・役割基準の社員等級では，キャリアパスが明確化していなかった課題を解決し，すべての社員が望むキャリア開発の道筋を具体的につかむことができる“全社員のエンゲージメントの向上”を実現する等級構造である。

　ライン管理者は担当部門のビジネスパフォーマンスやピープルマネジメントに対する責任を有する。同時に，自身の専門領域に関する知識・スキル・経験

など人的要件が重要で，それなしにはビジネスパフォーマンスも達成できないし，ピープルマネジメントもできない。基礎となるのは，自身の専門領域（ジョブファミリーとキャリアバンド）が要求する人的要件を備えていることであり，それに基づいてライン管理者としての職責を果たせるのである。

　なお，個人のGTC（職責レベル・キャリアバンド・ジョブファミリーなど）に関する情報は，2016年に導入されたHR統合アプリケーション「Workday」によって一元管理されている。

3 ｜ 内部公平性と外部公平性（競争力）の両立を目指し報酬制度を改定

　報酬の柱は，「職責に応じた（Pay for job）基本給」と「貢献に応じた（Pay for performance）賞与」の２つからなるが，本稿では基本給に焦点を当てて紹介する。基本給に対する基本的な考え方は「各国の労働市場において競争力のある報酬水準を設定する」というものだ。従来の日本企業は，内部評価のみで社員個人の報酬水準を決定する傾向が強かったが，本書で紹介している他社同様に，東京エレクトロンにおいても内部公平性とともに外部公平性（競争力）を重視しており，内部公平性と外部公平性の両方を実現する報酬制度を目指している。

　外部公平性の実現のため，世界各国で報酬サーベイなどに参加して，各国の労働市場におけるマーケットペイ（産業別・規模別・組織階層別など）情報を収集して，給与水準決定の参照としている。具体的には，各職責レベルに応じて設定されている賃金レンジの中央値を，マーケットペイを参照して決めるというものだ。また，各賃金レンジを４つに区分し，人事評価結果が同じであれば，低い区分ほど昇給率が高くなり，区分が高くなると昇給率が低くなる。同一職責レベルに長く留まると，昇給率が低くなるというわけだ。こちらも本書で紹介している他社と同様である。

　基本給の改定は，１つは年１回の定期基本給見直し時であり，もう１つは職責レベルの変更時である。前者は人事評価結果に連動している。後者については，職責レベルがアップしてレベル改定後の「基本給レンジ」の範囲内にある場合に，レベルアップ昇給が実施される。職責レベルがダウンしてレベル改定後の「基本給レンジ」の範囲内にある場合は，基本給の調整は行わない。

4 ｜ 絶対評価やGTCとの連動強化で人材開発重視の人事評価へ

　2017年の等級・報酬制度の改定に続き，2018年には評価制度の改定も行われた。改定以前も改定後もMBOとコンピテンシーを対象に評価しているという点では変更はないが，絶対評価の相対評価化の廃止，GTCとの連動強化，グローバル共通のTELグローバルコンピテンシーの導入，人事評価に対するライン管理者の機能強化，人事部門の現場への関与の強化（HRビジネスパートナーの設立）などの改定が行われている。

4-1　人材開発への連動を目指し，絶対評価を貫く

　2017年の評価制度の改定以前は，一次評価段階では絶対評価で行いつつ，最終的には相対評価に基づき決められた分布率で，評価の序列化を行うという運用が行われていた。この最終的には相対評価となる方式では，どうしても高評価者と低評価者を固定的に作り出す結果となってしまい，評価の公平性や納得性に問題が出てきてしまった。また，評価結果のフィードバックについても，相対評価結果を伝える形となりがちで，本人が強み・弱みを知り，成長に結びつけるという機能も弱かった。人事評価の相対化・序列化という運用から考えると，多くの日本企業と同様に，どうやら改定以前は，人事評価の2大目的のうち，人材開発目的（Development Purpose）よりも処遇判断目的（Judgement Purpose）が重視されていたようだ。

　この状況を，格付けされた職責レベルを基に絶対評価を行い，最後まで評価の相対化しない仕組みに改定された。人事評価の目的は，評価の標語を決めることではなく，あくまで職責レベルが求める仕事に就き，成果を出し，行動をとっているか，あるいは職責レベル以上の仕事にチャレンジしているか，などを知ることにある。そして，人事評価結果から自身の強み・弱みを知り，成長につなげるために具体的に何をするかを上司と部下で話し合うことこそが重要である。評価の相対化廃止の理由は，社内にそのメッセージを届けることにある。評価結果の相対化を廃止したことで，東京エレクトロンの人事評価は，人材開発目的重視の方向に変化したと思われる。

　「評価制度を変えたときには，「従来よりも評価に時間がかかることに対し不

満を漏らす声もありました。でも米国など海外の企業をみていると，本当に1人ひとりに向き合い丁寧にフィードバックしている。日本の管理者にも，もっと寄り添ってフィードバックしてくださいとお願いしている」と，長久保氏は評価制度の改定について語る。

4-2　目標設定・評価ともに職責レベルとの連動を強化

　評価制度改定の1つは，GTCの職責レベルとの連動強化である。強化方法は，MBOサイクルの出発点である目標設定に対する「目線合わせ」，TELグローバルコンピテンシーの導入など多岐にわたっている。まず目標設定について。目標設定面では，職責レベルを基準に個人の目標設定レベルが格付けされるため，

┃図表5┃　MBO・コンピテンシーの評価段階ごとの定義

評価記号	定義（MBO）	定義（コンピテンシー）
EE：Exceeds Expectation（期待を超える）	上位レベルに期待されるような顕著な成果を達成している	上位レベルに期待されるような行動を発揮しており，ロールモデルである。早期レベルアップを検討すべきである
ME：Meets Expectation（期待どおり）	そのレベルに期待される成果を達成している	そのレベルに期待される行動を評価期間を通じて安定的に発揮しており，特段大きな改善の必要性は見受けられない
PE：Partially Meets Expectation（期待にやや満たない）	そのレベルに期待される成果には達していないが，NIほどではない	そのレベルに期待される行動のすべては安定的に発揮できていない，もしくは，発揮の度合いがMEに達していないがNIほどではない。一部の行動において改善が必要
NI：Needs Improvement（未達/要改善）	そのレベルに期待される成果をほとんど達成していない	そのレベルに期待される行動をほとんど発揮できておらず，大幅な改善が必要。場合によってはレベルダウンを検討すべきである

出所：労政時報　第3956号/18.8.10/8.24

図表6 ｜ 総合評価の決定プロセス

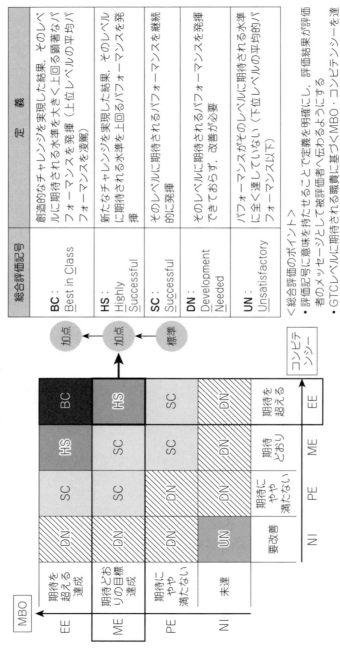

総合評価記号	定　義
BC： Best in Class	創造的なチャレンジを実現した結果、そのレベルに期待される水準を大きく上回る顕著なパフォーマンスを発揮（上位レベルの平均パフォーマンスを凌駕）
HS： Highly Successful	新たなチャレンジを実現した結果、そのレベルに期待される水準を上回るパフォーマンスを発揮
SC： Successful	そのレベルに期待されるパフォーマンスを継続的に発揮
DN： Development Needed	そのレベルに期待されるパフォーマンスを発揮できておらず、改善が必要
UN： Unsatisfactory	パフォーマンスがそのレベルに期待される水準に全く達していない（下位レベルの平均的パフォーマンス以下）

＜総合評価のポイント＞
・評価記号に意味を持たせることで定義を明確にし、評価結果が評価者のメッセージとして被評価者へ伝わるようにする
・GTCレベルに期待される職責に基づくMBO・コンピテンシーを達成・発揮すると、SCとして評価される

出所：労政時報　第3956号/'18.10/8.24

組織全体として職責レベルに応じた難易度に見合った目標設定を実行することが重要となる。そのために実施されたのが，各部門間で目標レベルの「目線合わせ」の推進である。GTCはキャリアバンド別の等級構造となっているが，職責レベルについてはキャリアバンド共通に設定されている。そのため，職責レベルが要求する難易度に合わせた目標のレベル感を各部署に合った形に具体化していく必要があった。「目線合わせ」なしには，目標設定に対する公平感や納得感が得られないし，GTCによって明確化されたキャリアパスに連動した人材開発や成果に結びつく活動に結びつかなくなってしまう。「目線合わせ」のために，グループリーダーを集めて目標設定をテーマに1日かけてのワークショップや，各部門での目標設定に人事が相談に乗る，といった取組みを行っている。こういった取組みを続けていくことにより，現場のライン管理者間で職責レベルのレベル感が合ってくるだろう，というのが東京エレクトロンの見方である。

　評価については，MBOとコンピテンシーの評価は，EE（Exceeds Expectations），ME（Meets Expectations），PE（Partially Meets Expectations），NI（Needs Improvement）の4段階で評価し，MBOとコンピテンシーの評価結果を基にマトリックスで総合評価（昇給・昇格・賞与に連動）を決定する。総合評価はBC（Best in Class），HS（Highly Successful），SC（Successful），DN（Development Needed），UN（Unsatisfactory）の5段階からなっている。格付けされた職責レベルに期待される行動を安定的に発揮したと評価されると2段階目のME評価となり，総合評価は格付けされた職責レベルに期待されるパフォーマンスを継続的に発揮したと評価されると3段階目のSCとなる。

　以上のように，今回の改定により，目標設定と評価の両面でキャリアパスに直結した職務等級GTCに連動したものとなり，期待される行動・成果に結びつき，人事評価の人材開発機能もより有効に機能するものと思われる。

4-3　グローバル共通コンピテンシーを導入

　改定前のコンピテンシーは，評価基準や文言に曖昧さがあり，さらに国ごとに内容が異なっていた。これを刷新し，今回の改定ではグローバル共通の「TELグローバルコンピテンシー」を導入した。TELグローバルコンピテンシーは「利益志向」「顧客志向」「戦略的思考」「主体的な行動」「高い視座」「相互信頼」「自

図表7 ｜ TELグローバルコンピテンシーの定義

求められる行動	TELグローバルコンピテンシー（定義）	
先進性・革新性 プロフィットマインド	利益志向	世界一のサービス、製品、プロセスを構築するために、過去や社内の常識に捉われず、想像力・創造力を膨らませ、利益と企業価値の向上にチャレンジする
ニーズの先読み・提案 横串の総合的な提案	顧客志向	顧客の要求に応えるにとどまらず、一歩先の潜在的な市場のニーズを捉えて、独創的な提案を行い、顧客とともに産業の成長をリードする唯一無二のパートナーとなる
	戦略的思考	環境の変化を捉え、自社と競合の差を分析し、競争に勝る価値や強みを創出する
スピード重視 柔軟な対応・判断	主体的な行動	状況の変化に応じて柔軟に判断しながら、ビジネス機会を捕らえて、スピード感を持って主体的に行動する
役割責任の理解・遂行 自己キャリアへの責任	高い視座	部分最適に偏らず、より高い視野からグローバルに全体像を捉え、TELグループ全体の成果を最大化する
多様性の尊重	相互信頼	多様な考え方も尊重しながら、他者と信頼関係を築き、効果的に協働する
持続的な成長	自己成長	自らの強み・弱みや行動が与える影響を理解し、自己の成長につなげる
グローバルレベルの 利益率・生産性 全体最適	アカウンタビリティ	目標を達成するために、困難な環境下でもやりきるとともに、自らのキャリア開発に責任を持つ

己成長」「アカウンタビリティ」の8つのコンピテンシーを設定（**図表7参照**）。さらに，8つのコンピテンシーを職責レベルごとに行動を定義している。グローバル共通コンピテンシーの導入によって，グローバルレベルで一貫した各職責レベルが求める行動基準が決められた。なお，グローバルで使えるように5か国語に翻訳している。

　同社のコンピテンシー評価の特色は，4段階の評価段階についても定義を設定していることにあるという。コンピテンシーは評価基準にばらつきが出やすいため，各評価段階に応じた定義を設定することでばらつきをなくそうという意図から評価段階に応じた定義を設定したとのことである。

5 ｜「TEL UNIVERSITY」，グローバル＆オンデマンド学習など教育・研修の取組み

　東京エレクトロンでは，2007年から社内共通の教育機関として「TEL UNIVERSITY」を展開している。「TEL UNIVERSITY」の最初の取組みは，次世代の経営を担うリーダー育成を目的とした自社プログラムである。約1年間にわたり，経営と直接対話をし，企業経営とは何かを考え，自社の理念を基軸とした経営判断軸の醸成，経営戦略構想力強化を目指すもので，多様な内容を学び経営陣に提言も行うというものだ。プログラムの中には，異文化理解，世界情勢認識の醸成を目的とした1週間のインド滞在もあった。「インドでのプログラムは，自身の持つグローバル感覚や価値観を試す機会であり，ある意味，リトマス試験紙のようなものになったと思う。言葉や価値観の全く違う中でも，積極的にどんどん関わりあって学び，通じ合える人もいたし，それらはアプライド社との経営統合準備の中でも役に立った」と長久保氏は当時を振り返る。その後に，次世代リーダーの一歩手前の次々世代対象のプログラムを実施した。こちらのほうはインド研修と同じ異次元体験として比叡山延暦寺での研修が行われている。次世代リーダー教育でスタートした「TEL UNIVERSITY」だが，その後，階層別教育が体系化され，現在では階層別教育と目的別教育の2本立てとなっている。

　グローバル規模でオンデマンド型オンライン教育も実施している。こちらは社員各人が教育コースを選んで履修するというものだ。現在は「2022年4月にLinkedInラーニングを導入し，東京エレクトロングループ全社員分の契約をしており，社員が好きな時に学習してもらっている」（竹内氏）ということだ。

　GTCの情報と同様に学習履歴もHR統合アプリケーション「Workday」に情報が入っているため，社員個人の学習履歴もグループレベルで一元管理しており，異動やプロジェクト参加者の決定などに際して，教育・研修面からの情報に役立てている。

　約100種類というジョブファミリーの設定，類似するジョブファミリーを集めて6つのキャリアバンドの設定，キャリアバンドと職責レベルのマトリックスによってキャリアパスの提示，グローバル規模で内部公平性（社内価値）とマーケットペイの活用による外部公平性の両立，などさまざまな面で，欧米などで普及するジョブ型・マーケット型人事の特色をいち早く導入した東京エレクトロン。「人こそが競争力の源泉」とのポリシーの具現化によって，人の面から持続的な競争優位を確立していくことだろう。

「キャリア自律」「適所適材」「成長支援」を コンセプトに新たな人事に挑戦

——全管理職ポジションのジョブディスクリプションを 全社員へ公開——

```
テルモ
```

1 ｜ 複合的ソリューション提案を目指す５か年成長戦略

　1921年に北里柴三郎博士をはじめとする国内医学者たちが発起人となって創立された総合医療機器メーカーであるテルモは，現在，世界160か国以上の国・地域で活動を行い，海外売上比率が70％を超え，社員比率も海外が約80％と，グローバル化が進んだ企業である。

　創立100周年を迎えた2021年12月には５か年成長戦略「GS26」を発表し，デバイス（医療機器）はこれからもテルモの中核的存在であるとしながらも，「デバイスからソリューションへ」とのビジョンを掲げ，医療従事者や製薬企業をはじめとしたビジネスパートナー，ひいては医療のエコシステム全体とより積極的に関わり，顧客と患者さんに即した課題を発見し，再定義し，複合的なソリューションの提案を目指している。

　成長戦略実現のためには，「人財力」の強化がより重要となるとして，テルモでは，2022年４月から，管理職層に対する社員等級・報酬制度，管理職層・非管理職層に対する評価制度，社内公募を含む登用・昇格制度の改定などを行っている。本稿では，人事制度改定の目的と内容を紹介する。

2 ｜ 新人事制度のコンセプトは 「キャリア自律」「適所適材」「成長支援」

　制度改定の内容に入る前に，新人事制度のコンセプトからみていく。新人事制度のコンセプトは「キャリア自律」「適所適材」「成長支援」である（**図表１**参照）。その根底にある考え方が，従来の会社主導のキャリア開発から，アソ

シエイト（社員）個人が主体となったキャリア自律への変化である。「自分の
やりたい方向のキャリアを伸ばすということになれば，より一層努力するだろ
う。同時に，チャンスを勝ち取るためには，絶え間ない努力が必要」と，制度
改定にあたった人事部HRビジネスパートナーの竹田敬治氏は語る。会社側が
決めたキャリアルートよりも，社員が自ら選び取ったキャリアのほうが，社員
のキャリア開発に対するモチベーションが向上することは，容易に理解できる
ところだ。そして，キャリア開発主体が社員個人へと変化するに伴い，会社の
役割も社員個々人が主体的に描いたキャリア実現のための支援へと変化する。

　もう1つ重要なのが，適所適材である。これは，キャリア自律と成長支援に
密接に関連している。従来の日本型人事では，人に仕事を振り分ける適材適所
が中心だったが，これではどのようなルートをとれば，あるいはどんな仕事を
経験すれば，キャリアを開発できるのかが不明確で，「社員のキャリア自律」「自
律したキャリアを会社が支援する」というテルモの新人事制度のコンセプトは
実現しない。どんな"仕事"を経験すれば，自分が望むキャリアを実現できる
かを具体的に知るためには，"仕事"の内容と仕事が求める人的要件を明確化
する必要がある。このような認識から，テルモでは職務基準の人財マネジメン
ト導入を決定した。「適材適所」ではなく「適所適材」を強調する姿勢は，ジョ
ブ型人事への転換がキャリア自律と成長支援に不可欠なことを表しているだろ
う。

┃図表1┃　新人事制度のコンセプト

キャリア自律	会社が一方的に社員のキャリアを決めるのでなく，1人ひとりが主体的にキャリアを考え，自らの意志と能力でキャリアアップの機会に挑戦できること
適所適材	事業戦略に基づき「仕事」が定義され，年齢や勤続年数にかかわらず最もふさわしい人財をアサインすること （×適材適所：その人の能力の範囲内で，その人の仕事が定義される）
成長支援	今後のキャリアや必要なスキルについて，職場で頻繁にコミュニケーションできるような仕組みを導入するなど，社員の成長をより強く支援すること

出所：労政時報　第4049号／23.1.13／1.27

▐ 図表 2 ▐　旧制度と新制度の比較（主な変更点）

	旧　制　度	新　制　度
等 級 制 度	・職能資格制度 ・等級体系はライン長・非ラインで共通の4段階に区分	・職務等級制度 ・資格体系は「基幹職」（ライン長）の6段階と「専門職」（非ラインのスペシャリスト）の3段階に区分
登用・昇格	・部門と調整しながら人事部主導で異動を決定	・初級管理職は年齢・役職を問わず全社員が手を挙げられる公募制で任用 ・幹部層はサクセッションプランを展開し，計画的な異動・育成
報 酬 制 度	・月例給は基本給や評価給などの4要素が併存 ・賃金改定は等級ごとの評価	・月例給は職務給に一本化 ・賃金改定は個人の昇給前の給与と業績評価の2要素で決定（メリット・インクリース方式）
評 価 制 度	・能力評価（通期で評価，評価給に反映）と業績評価（半期ごとに評価，賞与に反映）	・コンピテンシー評価（半期ごとに評価，職務給に反映）と目標管理（同，職務給と賞与に反映）

出所：労政時報　第4049号/23.1.13/1.27

3 ▏管理職層対象に職務基準の社員等級を導入

3-1　全管理職ポジションのジョブディスクリプションを全社員へ公開

　キャリア自律の前提となるのは，テルモの社内にある職務の具体的内容と，個別職務が要求する人的要件の明確化である。だが，人事制度の改定以前に同社が導入していた職能資格等級では，個別職務に対する職務内容や人的要件が明確化されておらず，社員のキャリア自律を支える条件が十分に整っていなかった。そこで，個別職務の内容と人的要件が明確化されるジョブ型人事への転換が必要として，まず管理職層を対象に職務等級の導入が決定された。

　ジョブ型人事の設計は，職務分析を行い，個別職務に対するジョブディスク

リプション（以下，JDと記載）の作成から始まる（職務分析については第1章参照）。テルモでは，社内にある約1,000の管理職ポジションすべてについてJDが作成され，職務内容・人的要件が明確化された。JDの記載内容は，基本情報，ポジション要件，人財要件の3つに大別される。

　ポジション要件と人財要件に関しては，次のとおりそれぞれ3つの項目が設定されている。

　ポジション要件：「ミッション」「期待成果」「役割内容」

　人財要件：「職務経験」「知識・スキル・資格」「特に重要なコンピテンシー」

　ポジション要件と人財要件のそれぞれ3つの内容について「ジョブディスクリプションの例」（**図表3**）を基に内容をみていく。最初に「ポジション要件」について。「ミッション」は，「ポジションが達成すべき使命は何か」である。「期待成果」は，ポジションに期待される重要な成果・成果責任を中長期的観点から特定する。短期的成果は目標管理の目標とするとして，JDでは中長期的観点が重視される。JDに慣れていない人の多い日本では，ジョブが要求する期待成果とその時々の期待成果を対象とする目標管理の違いを明確化することは，意味のあることと思われる。「役割内容」では，ポジションに求められる具体的な役割について，「折衝」「革新」「チーム」「地域」を特定・記載する。たとえば，折衝ならばどこ（誰）と，どのような折衝（最も困難な折衝）を行うのかを特定・記載する。

　次いで「人財要件」について。「職務経験」は，当該ポジションに求められる重要な職務経験について，職種・事象領域・地域・業務内容（実績）と，経験しておくべきポジションなどが特定・記載される。「知識・スキル・資格」では，当該ポジションに求められる知識や専門スキル，資格，語学が特定・記載される。最後が「特に重要なコンピテンシー」である。コンピテンシー項目と各コンピテンシーで期待される行動は，同社のコアバリューズ（世界中のアソシエイトをつなぐ共通の価値観）である，Respect（尊重），Integrity（誠実），Care（ケア），Quality（品質），Creativity（創造力）に基づいて設定されている。コンピテンシーとは高いパフォーマンスにつながる行動様式である。高い（望ましい）パフォーマンスの基準は各社によって異なっており，テルモにはテルモ独自の望ましいパフォーマンスとコンピテンシーが存在する。これを具現化したのが，コアバリューに基づいて設定されたコンピテンシー項目と行動基準である。コンピテンシーについては，評価の部分で再度紹介する。

｜図表3｜　ジョブディスクリプションの例

1．基礎情報

ポジション名	事業企画部長	作成日		××年×月×日
所属	××カンパニー	作成者	ポジション名	××カンパニープレジデント
等級	G6		氏名	××　××

2．ポジション要件

ミッション —このポジションの達成すべき使命は何か。
××カンパニーのビジョンを実現するために，××カンパニーのビジョン・方向性に基づき，中長期戦略の立案・推進を通じて××カンパニーの中長期的な成長・収益向上を実現する

期待成果 —このポジションに期待される重要な成果は何か？このポジションが負う成果責任は何か。 ※財務・数値，顧客・外部，業務・内部，ヒト・組織視点における成果を中期的観点から記載する （短期的期待成果は目標管理に記載）
・××カンパニーを取り巻く市場やビジネス環境を踏まえ，××カンパニーの中長期戦略を策定する ・××カンパニーのビジネスモデルの見直し・革新（デジタルトランスフォーメーション）を実現する ・××カンパニーの事業ポートフォリオを策定し，各事業のリソース配分（ヒト・モノ・カネ）を最適化する ・各事業の事業計画の進捗管理と事業部門の収益管理を行い，中長期戦略の実現・推進に向けた課題を特定し，解決策の方針を策定する ・事業企画部の運営に必要な組織体制・人員配置を構築するとともに，自身のポジションの後任者育成計画を策定し，組織の持続性を担保する

役割内容 —このポジションに本来求められる具体的な役割は何か？ （折衝・革新・チーム・地域の観点からの役割）	
折　衝 —主にどこ（誰）とどのような折衝を行うか （月1回以上行う最も困難な折衝）	事業部門長と事業計画・リソース配分に関する交渉を行う
革　新 —主に何をどの範囲で改善，工夫，創造することが求められるか	××カンパニーの中長期戦略の実現に向けて，××カンパニー全体のビジネスモデルの革新（デジタルトランスフォーメーション）を実現する
チーム —業務管理，評価，育成するメンバーを何人または何チーム程度持つか	管理する組織（課）の数：3 管理する人員数：40
地　域 —成果責任を負う範囲はどの地域か ※例）国内，アジア，欧州，グローバル	グローバル

3．人財要件

職務経験 ーこのポジションに求められる特に重要な職務経験は何か	
職種/事業領域/ 地域/ 業務内容（実績）	• 本社もしくは××カンパニーにおける10年以上の中長期戦略立案業務の経験 • 本社もしくは××カンパニーにおける5年以上の事業計画立案，もしくは事業管理業務の経験 • 本社もしくは××カンパニーにおける5年以上のマネジメント業務※の経験 ※管理職を配下に持つポジション。例：部長ポジション，等
経験しておくべき ポジション	• 経営企画部門の責任者ポジション • 事業開発および事業管理部門の責任者ポジション
知識・スキル・資格 ーこのポジションに求められる特に重要な知識・スキルは何か，そのレベルはどのくらいか	
知識/専門スキル	• 全社・カンパニーの経営方針を理解し，カンパニーの中長期戦略を立案するスキル • カンパニーを取り巻く市場やビジネス環境に関する知識（効果的な中長期戦略立案に活用できる水準） • カンパニーのビジネスモデルに関する知識（効果的な中長期戦略の立案・推進に活用できる水準） • 事業ポートフォリオおよびリソース配分（ヒト・モノ・カネ）の策定スキル • デジタルトランスフォーメーションに関する知見・リテラシー
資格	ー
語学	ー
特に重要なコンピテンシー　ーこのポジションに求められる特に重要なコンピテンシーは何か ※基幹職は共通および基幹職の項目から，専門職は共通および専門職の項目から3つ以内を選定	

☐【共通】信頼の獲得（正直で，誠実，率直な行いで他の人からの信用と信頼を獲得する）

☐【共通】顧客志向（顧客と強固な関係を構築し，顧客の立場に立った解決策を提供する）

☐【共通】イノベーションの推進（組織が成功するために，新たなより良い方法を生み出す）

☐【共通】多様性の尊重（異なる視野や文化が組織にもたらす価値を理解する）

☐【共通】業務プロセスの最適化（継続的改善を図ることに重点を置き，仕事を成し遂げるためにどのようなプロセスが最も効果的で効率的かを理解している）

☐【基幹職】人材の育成（部下のキャリア目標と組織目標の両方を達成するために，部下を育成する）

☐【基幹職】戦略的思考（将来の可能性を見極めた上で，現状を打破する戦略を策定する）

☐【基幹職】ビジョンと目的の推進（説得力のあるビジョンと戦略を描くことで，周りの人を動機付け，行動を起こさせる）

☐【専門職】自己認識（周囲からのフィードバックと自己の振り返りを通して，自分自身の強みと弱みについて有益な気付きを得る）

☐【専門職】行動指向（新しい機会や厳しい課題を緊急感，高いエネルギー，熱意を持って引き受ける）

出所：労政時報　第4049号/23.1.13/1.27

　作成された全管理職ポジションのJDは，非管理職も含めたすべての社員に公開されている。これにより，社員は自分の将来就きたい職務を特定できるようになった。さらに自分の望む職務に就いて，望むキャリアを実現するためには，どんな職務経験を積んだらよいのか，どんな知識・スキル・資格が必要なのか，どんなコンピテンシー（行動）が求められるのか，などが特定された。JDの作成・公開によって，社員個人にとって望むキャリアの実現方法が個別具体的に設定できることとなったのである。「全般的な目標よりも個別具体的な目標の設定によって，人はモチベーションを向上させる」という目標設定理論の主張のとおり，キャリア開発に対するモチベーション向上の条件が整えられたといえる。

3-2　全管理職ポジションを対象に職務評価を実施し，職務等級を導入

　以上のように，全管理職ポジションに対するJDが作成された。次のステップは個別職務間の相対的な価値（重要度・影響度・難易度など）を評価する職務評価である。テルモで実施されたのは，分析型職務評価のポイントファクター職務評価である。具体的には，マーサー社の職務評価システムであるIPE（International Position Evaluation）が活用された（職務評価方法については第１章参照）。分析型職務評価は職務を構成要素に分けて，各要素について職務の相対的価値を評価する方法であり，IPEでは「影響」「折衝」「革新」「知識」の４つの要素に分けられ，さらに４つの要素がそれぞれ２～３の項目に分けられ，合計10項目で各ポジションが評価される。

　職務評価の結果，組織内の管理職ポジションにポイントで序列がつき，職務等級が構築された。旧等級制度では，管理職・非管理職ともに職能資格等級が導入されており，管理職はライン長・非ライン長共通でAL6～AL9（テルモでは社員をアソシエイト/Associateと捉えており，ALはAssociate Leaderの略）の４つの等級に区分していたが，新たに導入された職務等級では，「基幹職」（ライン長ポスト）・「専門職」（非ラインのスペシャリストポスト）の２つに区分し，基幹職をG1～G6の６等級，専門職をS1～S3の３等級に区分している。社員各人は，自身の担当職務が該当する等級に格付けられた。

　専門職等級の数が３つと，基幹職等級に比べて少ない理由を「専門職は仕事の内容が流動的。たとえば，開発部門では，開発テーマの進捗によって必要な

図表4 等級制度の新旧比較
～年齢や勤続年数にかかわらず、職務の大きさに報いる仕組み～

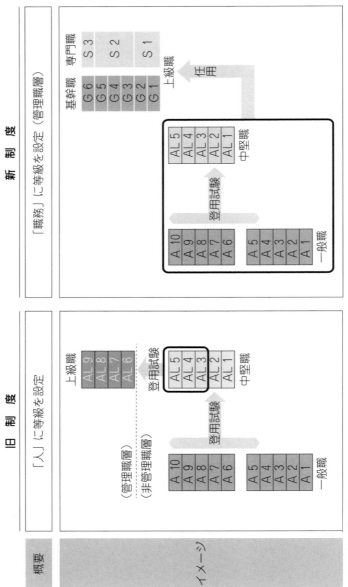

専門性も変化してくるので，年に1回の見直しを行い，時には，年度内において
も組織設計を行うこともあります。そんな中でも適正に処遇することがモチ
ベーションやエンゲージメントなどに重要です。基幹職の等級区分が6等級な
のに対して，専門職の等級は3等級なのはその辺の事情がある」と竹田氏は語
る。公平・公正な処遇と等級数は関連のあることのようだ。

　等級の変更は，旧制度では4月に実施していたが，新制度の職務等級におい
ては，ポジションと等級が紐づいているため，ポジションが変化し，それが等
級を超えた変化であれば，等級も変化することとなる。

　非管理職の等級については，本原稿執筆時点（2023年6月）では職能資格等
級が維持されており，一般職がA1〜A10の10等級，非管理職のうち登用試験
に合格した中堅職がAL1〜AL5の5等級となっている。なお，非管理職層につ
いても，人事制度改定を目指して，現在準備中とのことだ。

4 内部公平性と外部公平性（競争力）の両立を目指し報酬制度を改定

　基幹職・専門職等級それぞれの等級構造で，G1〜G2を初級基幹職，S1を初
級専門職として初級管理職と位置づけており，これに対して，G3〜G6を幹部職，
S2〜S3を高度専門職と位置づけている。基幹職と専門職の給与水準は，G1〜
G2とS1が同じ給与水準，G3〜G5がS2と同じ給与水準，G6とS3が同じ給与水準
となる。旧制度ではスペシャリストの役割給（ポストに対する給与）がライン
長と比べると貢献度と処遇との関係が若干曖昧な面があったが，新制度では専
門職として基幹職とは異なる等級を設けることで，部下の有無にかかわらず，
スペシャリストの価値をこれまで以上に評価・処遇することとなった。人財も
仕事の役割も多様であり，多様性を生かそうというのがテルモの姿勢である。
それによって内部公平性を確保し，社員の達成感やモチベーション，エンゲー
ジメントが高まることが期待できる。

　内部公平性とともに重要なのが，外部公平性（競争力）の実現である。従来
日本企業は内部評価のみで社員個人の報酬水準を決定する傾向が強かったが，
本書で紹介している他社同様に，テルモでも内部公平性とともに外部公平性の
両方を実現する報酬を目指している。具体的には，報酬サーベイ等に参加して
マーケットペイ（産業別・規模別・組織階層別など）を収集し，外部労働市場
との比較から賃金水準の底上げを行っている。人事の基本目的の1つであるリ

テンションのためには，外部公平性の確立が不可欠なためだ。具体的には，G1〜G4とS1〜S2については日系製造業を，G5〜G6，S3については日系と外資系企業を外部労働市場と設定して，賃金水準決定の参考にしている。具体的方法は，各職務給レンジのミッドポイントを設定した外部労働市場の賃金水準を参照して決めるというものだ。また，各賃金レンジを4つに区分し，人事評価結果が同じであれば，低い区分ほど昇給率が高くなり，区分が高くなるほど昇給率が低くなる。同一等級に長く留まると，昇給率が低くなるというわけだ。これも他社と同様である。

　リテンションに関しては，以前は役員のみに与えていた譲渡制限付株式の付与対象を，新人事制度導入時にG6とS3という基幹職・専門職の最上等級に拡大した。これは，高度人財に対するリテンション施策である。

5 ｜ キャリア自律の原則に基づく登用・異動ポリシー

5-1　初級管理職への登用基準を「原則・社内公募制による登用」に改定

　新人事制度のコンセプトの1つである「キャリア自律」の中心的な施策が，社内公募制度の改定である。以前から社内公募は実施されていたが，新人事制度では，初級管理職のG1〜G2等級，S1等級への昇格は，「原則公募によって決定」に改定されたのである。この改定によって，非管理職も含めた全社員が管理職ポジションの社内公募に応募できるようになった。逆にいえば，社内公募に応募しなければ，管理職に昇格することは難しくなった。また，専門職ポジションの管理職社員が基幹職に応募でき，逆に管理職ポジションの基幹職社員も専門職に応募できる。チャレンジした人には機会が与えられ，チャレンジしなければ機会が与えられにくいという仕組ができあがったのである。同時に，中堅職から初級管理職への登用試験は廃止された。

　公募タイミングは，定年退職や人事異動によりポストに空きが生じた場合と，ポストが新設された場合である。JDに記載された人財要件を基準に，受け入れ所属部署の長，人事部，人事部所属のHRビジネスパートナーらが任用の可否を協議・判断する。

　管理職ポジションのJDが全社員に開示されている中で，自ら望むキャリア

を自身が決定し，そのための自己研鑽，人財開発に励む。上司は部下の望むキャリアを実現させるために，中長期的観点から個々の部下のキャリア開発に取り組み，同時に，日々のコミュニケーションを通じて部下の人財開発に取り組んでいく。JDの公開と合わせて社内公募の制度改定は，新人事制度のコンセプトである「キャリア自律」と「成長支援」を目指した施策である。なお，社内公募で合格者が出ない場合には，通常のローテーションが実施される。

　以上のように初級管理職については，ポジション任用は社内公募を原則とすることとなった。他方，幹部職（G3〜G6等級）と高度専門職（S2〜S3等級）はサクセッションプランにより，計画的な異動・育成を進めていく。サクセッションプランは，人事部と人事部所属のHRビジネスパートナー，各部門の協働によって作成される。

5-2　ポジションの任用期間は4年間
―組織と個の緊張感ある関係が成長につながる

　すべての管理職ポジションの任用期間は4年間とされた。4年経過した時点で，JDに対する評価や人事評価結果などに基づく総合的な評価によって，引き続き同じポジションに就くか，ポストオフやポジションチェンジなどによって別のポジションに異動するかが決まる。さらに，4年間の任期途中でも，評価に応じてポストオフ/ポストチェンジも行われ，常に各ポジション/職務に継続的に最もふさわしい社員が就くようにする。

　ポストオフ/ポジションチェンジにはさまざまな場合が想定される。たとえば，中堅職が公募を通じて管理職に任用されたが，任用以前の期待に反してパフォーマンスが上がらずポストオフとなった場合には，管理職の別のポジションに再チャレンジするか，中堅層の等級に格付けし直すということとなる。公募で合格者がおらずローテーションでポジションについた場合も同様である。逆に，予想以上のパフォーマンスを出して，サクセッションプランに基づき，さらに上のポジションに就き，幹部職や高度専門職の等級に昇格する場合もある。

　いずれの場合も人財開発プランの作成や日々のコミュニケーションなど上司の役割が重要となる。ポストオフとなる場合には，特に上司の役割は重要だ。上司には，ポストオフされた人財が次に就くポジションや職場などを考える，

現在の強み・弱みを特定し，将来のキャリアルートなどを話し合うなど，さまざまな対応が求められる。

　組織にとっては健全な新陳代謝が必要で，それを担う個人が育成され続けるためには，キャリア自律と成長支援，そして，組織と個の緊張感ある関係の維持が重要となる，というのがテルモの組織と個人に対する考え方だ。

6 ｜ 処遇目的・開発目的の両者を重視する人事評価へ

　人事評価の目的は，処遇に対する処遇判断目的（Judgement Purpose）と人財開発目的（Development Purpose）の2つがあるが，日本では処遇判断目的が重視されてきた。ジョブ型人事によって，ジョブと連動した人財開発が具体化するため，評価に関しても処遇判断目的だけでなく人財開発目的が重視されることが予想される。さらに，日本で処遇判断目的が重視されてきた大きな理由は，昇進や賃金水準など処遇は内部評価のみで決定していたことである。これに対して，今後は内部での評価とともに外部労働市場での評価が昇進や賃金決定など処遇に影響を与えてくる。そうなってくると，処遇判断目的の重要度が相対的に低くなり，人財開発目的の重要度が高くなる。内部公平性と外部公平性の両者の実現を目指すテルモにとって，人財開発目的の重要度が上がってくると思われる。もちろん処遇判断目的と人財開発目的は密接に関連している。公平・公正な処遇決定によって，本人の人財開発意欲が高まるためだ。

　人事評価は，「コンピテンシー評価」と「目標管理」に基づく目標達成度（成果）評価の2つからなる。「コンピテンシー評価」「目標管理」ともに，管理職については1回のサイクルは6か月である。人財開発では特に重要となるコンピテンシー評価からみていく。成果は個人の努力だけではコントロールできない要因に影響を受けるが，行動は自身の努力によって望ましい行動を実現しやすいため，行動に対する開発意欲が高まるためだ。さらに，行動は比較的，長期的に安定したものであるため，行動の改善・向上は組織の長期的パフォーマンス向上に寄与するという利点もある。

　コンピテンシー評価は，5つのコアバリューズに基づいて設定された「信頼の獲得」「顧客志向」「イノベーションの推進」「多様性の尊重」「業務プロセスの効率化」が全社員共通のコンピテンシー項目となる。これに管理職層については，

｜図表 5 ｜　コンピテンシー評価シートの例（基幹職：G1・G2の場合）

〜期待される標準行動を踏まえ，評価を行う〜

コンピテンシー評価					
コンピテンシー評価項目	期待される行動	上期評価			
		自己評価（行動を発揮した場面，事例も含め記載）	評語	上司評価（評価理由・ポイント）	評語
信頼の獲得	・誠実さと信頼性の手本を示し，他者にも互いに正直になるよう促している。 ・自らの行動により，安全行動の重要性を示し，メンバーにも安全第一の行動をとらせる。 ・チームとして，言行を一致させることを重視してメンバーに実践させる。 ・必要な法令・社内ルール等をチームメンバーに十分に理解させ，テルモアソシエイト（編注：社員）として行動させる。				
顧客志向	・求められる顧客ニーズを満たせるように，必要な能力とチーム能力とのギャップを把握し，改善を行う。 ・有益な機会やフィードバックを獲得できるよう，顧客との良好な関係性の構築・維持に向け，チームメンバーを促す。 ・顧客に高水準の製品，サービス等を提供することについてチームメンバーを促し，求められる水準を満たさない場合は改善させる。 ・顧客からの正当な苦情や批判を受け止め，真摯に対応し，チームの成長機会につなげる。				
イノベーションの推進	・未知の領域において，すべての情報がそろっていない中でも，アイデアを試行するようチームメンバーを促し，支援する。 ・新しく，より良い方法を見つけるため，チームメンバーに多様なアプローチを模索し，実行させる。 ・アイデアの実現のためのリソースを提供し，実現までのプロセスを強化する。 ・画期的なソリューションを開発するよう，チームメンバー内で連携し，協力するよう強くはたらきかける。				
多様性の尊重	・多様な考え方や意見に耳を傾け，そこから学ぶようにチームメンバーに強く求める。 ・過去の習慣や，固定観念にとらわれない思考や価値観を受け入れることを奨励する。 ・多様性がもたらす付加価値について，明確なメッセージをチーム内に発信し，協働を促す。 ・国籍，年齢，性別などの属性に関係なく，1人ひとり固有のスキル，経験，能力を見極めて活用する。				

業務プロセスの効率化	・プロセスの機能不全から，問題点をチームメンバーに特定させ，実行可能な再発防止策をとらせる。 ・効果的なプロセスかどうかをチームメンバーに常に検証させる。 ・自発的かつ独力で効果的な改善策を実行するようチームメンバーを導く。 ・チーム内の重複・欠落している仕組みや，リソース配分の偏りを解消し，プロセス全体を効果的に機能させる。				
人材育成	・チームの重要な後継者を特定し，後継者育成計画を立てる。 ・チームメンバーの強みやキャリアの志向を把握し，対話を通じて，目標を設定し自律的なキャリア形成に取り組ませる。 ・傾聴したり，本人の思考を深める質問や，リアルタイムのフィードバックを提供することで常に学習させる。 ・チームメンバーに対し，成長や学びにつながるストレッチな課題やテーマに取り組ませる。				
戦略的思考	・今チームがすべきこと（今すべきではないこと）を示す。 ・ビジネス上の組織の強みと弱みや市場の最新動向（トレンド）を把握し，業務上の判断を行う。 ・その仕事の目的をチームメンバーに考えさせ，具体的な意図をもった行動を促す。 ・日々の問題に対処しながら，長期的な機会や課題にも重点的に取り組む。				
ビジョンと目的の推進	・組織の方向性を理解できるよう人々を手助けし，ビジョンへ向けた熱意を高める。 ・ビジョンを発信し，対話などを通じて，メンバーの賛同や共感を得る。 ・チームの将来のありたい姿を，明快に描き出す。 ・1人ひとりの努力や貢献がどのようにビジョンの実現に結びつくかを機会あるごとに伝える。				

出所：労政時報　第4049号/23.1.13/1.27

　基幹職：「戦略的思考」「ビジョンと目的の推進」「人財育成」の3項目
　専門職：「行動指針」「自己認識」の2項目
が加えられ，合計7～8項目となる。

　各コンピテンシーには，具体的な「期待される行動」が示されており，評価・育成に活用しやすくなっている。コンピテンシー評価は，「行動の再現性」（「行動の有無」と「行動の再現性」）と「行動の質」（「行動の効果」と「行動の規

▎図表6 ▎ コンピテンシー評価基準

~「行動の再現性」と「行動の質」の観点で，評価基準を設定~

評語	評価基準	行動の再現性		行動の質	
		行動の有無	行動の再現性	行動の効果	行動の模範性
5	絶えず実践できており，同時に周囲に対する影響力があるとともに，他の模範となるような行動が安定的にとれている	該当する行動が実践されている	安定した行動の実践により，行動に再現性がある	行動が安定して実践され，かつ目標達成に向けて効果の高い工夫をしている	高い水準で求められる行動を実践し，周囲の模範となっている
4	絶えず実践できており，同時に目標達成に向けて効果の高い独自の工夫をしており，周囲からも認知されている				―
3	絶えず実践できており，周囲からも認知されている			―	―
2	実践できていない場面が時々見受けられる（行動のレベル，再現性が安定的でない）		行動は実践されているが不安定である	―	―
1	ほとんどの場面で実践できておらず，下位等級に該当するレベル（目安は限りなく0％に近い実践）	該当する行動が実践されていない	―	―	―

出所：労政時報　第4049号/23.1.13/1.27

　範性）から，期末に自己評価と上司評価を行い，評価が決定する。
　目標管理では，3～5項目の目標（達成目標・具体的内容・目標値）とそれぞれの評価ウエイトを期初に設定し，期末に自己評価と上司評価を行い，評価が決定する。基幹職の場合は，「人財育成」目標をウエイト20％で必ず設定することとしており，この面からも人財開発を後押ししている。

7 ｜ 目標設定委員会の新設と1on1面談の運用改定

7-1　公平性・納得性向上のため目標設定委員会を新設

　目標管理における目標設定の妥当性を評価する「目標設定委員会」が新設された。これは，半年間の目標管理サイクルの期初に，各部門ごとに，部門長や人事担当者が集まり，部門内社員の各ポジションに対して目標の妥当性を評価するものである。特に管理職層については，全ポジションに対するJDができているため，ポジション要件，人財要件が委員会メンバーに共有されており，目標が適正に設定されているかどうかの判断が適切にできることとなった。ジョブ型人事によって，評価や処遇の公平性・納得性が向上する実例だろう。

7-2　「キャリア自律」「成長支援」を実現する日々の活動
　　　―1on1面談の運用改定

　従来は期初と期末の2回，それぞれ約30～60分で実施していた1on1面談を，新人事制度導入時に，毎月1回最低30分の実施に変更した。1on1面談の頻度を上げることで，日常の成長支援を高めることが目的である。
　「1on1面談で話す内容は原則として部下が決める」「部下の自主性が育たないといった事態を防ぐ」「業務管理に偏らずキャリア希望などの話もする」などのポイントが決められている。面談内容は面談シートに記入して毎回提出し，成長支援・キャリア支援の情報として活用される。ざっくばらんな話し合いが頻繁に行われれば，上司と部下の関係は親密度が上がり，信頼関係も醸成されることは，多くの研究結果が示すところである。そんな上司と部下の関係が，テルモが目指す「キャリア自律」「成長支援」を実現させることだろう。

図表7 1on1の流れ

～1on1で話す内容は原則として部下が決める～

1on1のポイント

- 部下に尋ねても話したいテーマが出ず面談が進められない状況を回避する ⇒部下のテーマの事前設定を必須とする
- 1on1で上司が一方的に話してしまい、部下が話したいことが話せない/部下の自主性が育たないといった事態を防ぐ ⇒話す内容は部下が決める、部下が話している間は傾聴する。部下に求められない限り上司はアドバイスをしない(質問をする)。最後の振り返りは部下に話させる
- 業務管理に偏らずキャリア希望などの話をきちんと話せるようにする ⇒トピックを毎回記録する。数回に1度は特定のトピックを話すよう定める

実施の流れと内容

～1on1で話す内容は原則として部下が決める流れ～

1. **事前準備**：スケジューリング、話す内容の検討(主に部下が実施)
2. **面談実施**：以下のような進め方を1on1の基本的な流れとして設定
   - ①チェックイン(5分)…体調や近況の確認
   - ②前回の振り返り(5分)…前回からの進展、話したいテーマの確認
   - ③今回のテーマの傾聴(15分)…部下の発話を傾聴して内容を支援
   - ④ラップアップ(5分)…Next Action、今後の上司による支援の確認
3. **面談の振り返り**：上司、部下ともに1on1で確認した次のアクションに向け具体的な取組みを検討
4. **面談シートの提出**

1on1シート

1on1実施日	
対象期間	
業務内容 前回1on1のNext Actionとその後の進捗	
相談したいこと	
1on1で話したこと、気付き、Next Action	
上司コメント	

シート活用の流れ

①**事前準備(部下)** 1on1までに、部下は自身の業務を振り返り、相談したいこと(テーマ)を記載する

②**1on1終了後(部下)** 1on1で得た気付き・教訓、教訓を試すアクションプランを記載し、上司へ提出する

③**1on1終了後(上司)** 1on1で話した内容や1on1終了後のシートを基に、上司がコメントを記載する

8 「会社と個人の対等な関係」を基盤に，魅力ある組織づくりを目指す

　テルモが重視するのは，会社と個人の対等な関係だ。「以前と異なり，いまは会社と個人は完全にフラットな関係になっており，雇用するか，雇用されるかを，組織と個人がお互いに選びあっている」（竹田氏）。組織と個が対等な関係となるためには，人財の健全な流動化が必要であり，個人は自分の市場価値を知ることが必要となる。これまでは市場価値がわからなかったので「とりあえずこの会社でがんばるしかない」という状況だったのではないだろうか。だが担当する職務と人財要件が明確化すれば，個人の知識・スキル・経験・行動などが見える化し，自身の市場価値やエンプロイヤビリティも知ることができる。

　そういった変化の中で，「魅力ある組織づくりが必要で，個人・チームとして成長していく喜びを感じることが重要。世の中に貢献していくことにつながれば，さらに喜びは大きいだろう。われわれは医療に携わっているので，困った人を救える，と感じるか感じないかで，社員の気持ちはずいぶんと違うと思う」と竹田氏は話す。

　日本企業もようやく「雇用を守る」一辺倒の時代から抜け出し，対等でお互いに選びあう新たな組織と個の関係を目指す企業が増えてきているようだ。テルモもそんな1社であり，今後のさらなる人事改革を期待したい。

全社的組織改革CXの4つの経営改革の一翼を担う
HRXで人事分野の抜本改革を進行中

──"多様な人材"が，"属性に関わらず"
"公正に処遇"される組織を目指す──

──（ 三菱マテリアル ）──

1 全社的組織変革「CX（Corporate Transformation）」の一環としてHR機能を再構築

　1990年に三菱金属と三菱鉱業セメントの合併により設立した三菱マテリアル。金属・資源循環事業，銅加工事業，電子材料事業，超硬製品事業，再生可能エネルギーなど幅広い事業ポートフォリオを有する同社は，大規模な事業ポートフォリオの見直しをはじめとする経営変革を進めてきた。

　2023年発表の2023～2030年度中期経営戦略である「中期経営戦略2030」（以後，「中経2030」）において，前・中期経営戦略期間の2020～2022年度において事業ポートフォリオの最適化は概ね完了したとし，「中経2030」では「資源循環の拡大，高機能素材，製品供給の強化による成長」を目指している。

　三菱マテリアルでは組織能力向上を目指し，2021年度から4つの経営改革を実行している。同社における組織能力向上の具体的方向性は組織適応力と統合力の向上であり，CX（Corporate Transformation），HRX（Human Resources Transformation），DX（Digital Transformation），業務効率化，の4つの経営改革によって，この目標を実現しようとしている。

　このうち，CXは全社的な組織体制の変革であり，2022年4月に実施された。変革の方向は2つで，1つは「コーポレート」（本社機能）を，グループ戦略立案を行う「戦略本社」と，戦略本社で策定した戦略を具体的な施策・プログラムに落とし込む「プロフェッショナルCoE」（CoE：Center of Excellence）に分けることである。従来は，戦略立案と戦略の具体化・実行という役割が十分に純化していなかったとの問題認識から，組織を分けることで役割を明確化し，高度の戦略性と高度の専門性・効率性の実現を目的に実施された。人事領

図表1 ┃ HR機能の再構築

事業部門 人事担当（HRBPを含む）
- 担当事業（含む 製造拠点）の人材の採用〜退職までの人材マネジメント、人事施策実行オーナー
- 戦略・方針・各種施策の運用実態について人事戦略部とプロフェッショナルCoEへ双方向でフィードバックすることにより、会社全体の人事・人材施策の質向上に参画する

プロフェッショナルCoE 人事部
- 人事機能の効率化・高度化を担う
- 全社方針に基づき具体的な制度と施策の運用に向けた設計と実施を通じて、CoE機能をつかさどる（採用・人事報酬・人材開発・衛生等）
- 事業（カンパニー）に属さない部門のHRBP機能
- 労働組合対応

戦略本社 人事戦略部
- 全社の人事・人材戦略と方針の策定・立案
- 人材委員会・次世代経営人材育成事務局
- タレントマネジメントシステム導入推進
- D&I戦略および施策の立案・推進
- 健康経営を推進するための戦略・施策の立案

人事CoE業務の提供、制度・施策の運用サポート

人事CoE業務の改善提案・フィードバック、制度・施策実施上の相談

人事戦略・方針への提言、フィードバック、制度運用に関する相談

人事戦略・方針の展開・ガイド

人事戦略・方針への提言、フィードバック、制度運用に関する相談

人事戦略・施策に関する方針展開・ガイド

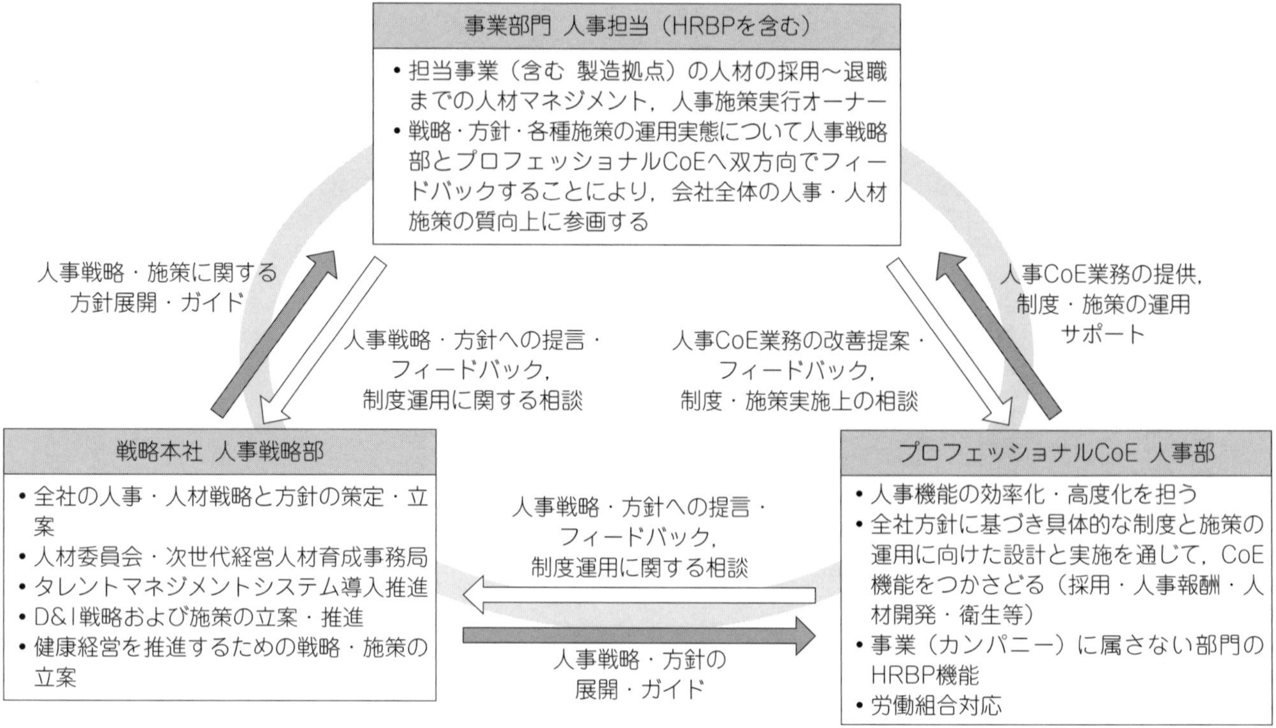

出所：労政時報　第4052号／'23.3.10

域で考えると，戦略本社人事戦略部とプロフェッショナルCoE人事部に組織が分離され，前者が策定した人事戦略に沿って，後者は人事の個別領域で高度の専門性をもって効率的に具体的な施策を立案・実行する。

　もう1つの変革の方向性は「カンパニー」改革であり，以前からカンパニー制は導入されていたが，2022年4月に自己完結型の完全カンパニー制へと移行した。人事領域では，完全カンパニー制移行時に，各種人事施策の実行オーナーとしてカンパニー等の各部門にHRビジネスパートナー（以下，HRBP）のポジションが設置された。HRBPの設置によって各カンパニーの事業戦略を人事面から強力にサポートする体制となった。

2 三菱マテリアルの人事機能の特色

　人事領域のCXについて紹介したが，ここで三菱マテリアルにおけるコーポレートとカンパニーの人事機能に関する関係をみていきたい。序章で国際比較調査を基に紹介したとおり，日本型人事の特色として集権的人事管理が指摘される中で，同社では，従来からコーポレートとカンパニーはそれぞれ独自に採用を行っており，カンパニーの人事権は強いものであった。新卒採用方式は職種別採用であり，コーポレートでは7つの職種別採用で，カンパニーでは営業と技術の2つの職種別採用であった。集権的人事管理では，戦略性・専門性はさほど高くなくても人事部門の存在はある程度認められる。だが，カンパニーが人事権を有する分権的人事管理になると，コーポレートの人事部門には戦略性・専門性が不可欠となる。「もともとカンパニーが人事権を持っており，コーポレートの人事部にカンパニーの人事権はなかった。だから，当社では以前から本社・人事部には戦略性や専門性がないとまずかった」と，人事企画室長の大澤清氏は三菱マテリアルの人事機能の状況を語る。そういった環境下，「人事系人材は人事およびその周辺領域を幅広くローテーションでまわり，人事のジェネラリストとしての知識・スキルが備わっていた」と，人事企画室・室長補佐の赤坂拓也氏は人事系人材の知識・スキルの状況を語る。日本企業にも人事プロパー的な育成を行う企業は多いが，同社の場合は少し状況が違うようだ。

　三菱マテリアルにとって人事部門の戦略性・専門性は非常に重要であり，CXは戦略性・専門性強化という目的達成に活用されたのである。戦略性強化については，2022年4月実施の人事制度改革時に，戦略本社に人事戦略担当の

役員を1人置いて，社長や他の経営戦略担当役員などと行動を共にしてコミュニケーションをとりながら，人事戦略を立案・推進する体制となっている。

3 │ HRX（Human Resources Transformation）の全体像

　4つの経営改革の1つが経営改革実現のための人事面からの施策群であるHRXである。4つの経営改革に人事領域のHRXが入っていることから，三菱マテリアルが経営改革の柱としてHR分野に焦点をあてていることが感じられる。実際に，大澤氏は「当社の中で人の改革は大きなポイント」と語る。

　HRXの全体像を示したのが，**図表2**である。HRXが追求するのは，新たな価値観や人材の融合により，市場競争力の維持向上を通じての「社会的価値向上」であり，人事施策を通じて「社会的価値向上」の実現を図るというのが同社の姿勢だ。主な施策は，「事業競争力の徹底追求と役割の明確化，遠心力と求心力のバランス維持」を目指した施策と，「変化に適応し，自律的に課題に取り組み，会社とともに成長していこうとする意識の醸成と行動の促進」を目指した施策の2つに大きく分かれる。前者の具体的施策は職務型人事制度と次世代経営人材育成であり，後者の具体的施策は社内公募制度と新たな研修体系

┃図表2┃　HRXの全体像

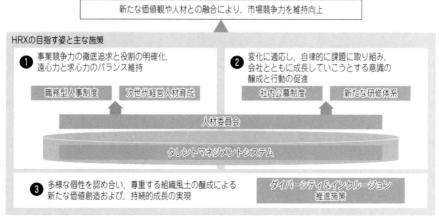

出所：労政時報　第4052号/23.3.10

である。そして，これらの人事施策を定点観測し，そこでみえてきた課題について議論する会が人材委員会である。人材委員会の構成メンバーは社長も含めた執行役全員とそれぞれをサポートするHRBPである。この人事施策群と人材委員会の活動を通じて，効果的なタレントマネジメントを実現するのが，同社が描く将来像と考えられる。施策群の多くが2022年4月に導入されており，現在は各施策の内容をさらに開発し，機能を大きくしている段階だという。

　本稿では，管理職層を対象とする職務型人事制度を中心に人事施策群の目的や内容についてみていく。

4 ｜ 管理職層に「職務グレード」・「発揮行動等級」からなる新等級制度を導入

4-1　全管理職層ポジション対象の職務評価に基づく職務グレードを導入

　2022年4月にイノベーションセンター（研究所）の研究職以外の約1,700人の管理職層を対象に導入されたのが，職務の役割の大きさに応じた職務グレードである。それ以前は，職務遂行能力の高さに応じた職能資格等級が適用されており，「参事補」「参事」「監事補」「監事」「参与」の5階層で構成されていた。さらに上位階層に「執行役員」，「フェロー」があり，いったん退職したうえで1年ごとの任免であった。

　ジョブ型人事の設計は，職務分析を行い，個別職務に対するジョブ・ディスクリプションの作成から始まる（職務分析については第1章参照）。三菱マテリアルでは，全管理職層ポジションを対象に，職務内容，職務遂行に必要な知識・スキル・経験など人的要件，部下の数などを記載した「職務調査票」が作成された。職務調査票を一般的な表現にすると，ジョブ・ディスクリプションと捉えられるだろう。現在，主要ポジション（部長職，事業部長，拠点長等）の職務調査票の一部の内容は，非管理職層も含めて全従業員に公開されている。公開により，従業員は自部門のトップの職務内容と人的要件を知ることとなり，将来キャリアの到達点となる可能性のあるポジションの職務内容や人的要件を具体的につかむことが可能となった。自律的キャリア開発の基礎ができたといえる。

　次のステップは作成された職務調査票に基づいて，個別職務間の重要度・影

響度・難易度などに関する相対的な価値（同社では「職務の役割の大きさ」と表現）を評価する職務評価である。三菱マテリアルでは，分析型職務評価のポイントファクター職務評価が実施された（職務評価方法については第1章参照）。分析型職務評価は職務を構成要素に分けて，各要素に対する職務の相対的価値を評価する方法であり，IPE（International Position Evaluation）では「影響」「折衝」「革新」「知識」の4要素に分けられ，さらに4つの要素がそれぞれ2〜3項目に分けられ，合計10項目で各職務が評価される。

　以上のように，職務評価によって各ポジションの相対的な役割の大きさが明らかとなり，それを基にG1〜G7の7つの職務グレード構造が設計された。同社の活用した職務評価方法はポイントファクター職務評価であったため，相対的な役割の大きさはポイントで表される。管理職層の社員は，7つの職務グレードのうち自身の担当職務が該当するポイントが含まれるグレードに格付けられた。

　職務評価の実施方法は，本社人事が関与しながら，上位ポジションから下位ポジションへと順次行っていくというものだった。最初は執行役がその下の階層を評価し，事業部長や部長がその下の階層を評価していくという，目標管理などと同じ組織の上位階層からのカスケードプロセスがとられた。各カンパニーの主要ポジション（部長職，事業部長，拠点長等）に関しては職務評価の公正性担保のため，カンパニーごとの職務評価を行った後に，執行役とのミーティングでほかのカンパニーと横串にして検討し，全社的な整合性をとりながら職務グレードが決定された。その下の層については，各カンパニーの人事主導で，カンパニー内でのバランスを考えたうえで職務グレードが決定されたという。

4-2　研究職には発揮行動に基づく等級を導入

　管理職層のもう1つのトラックはイノベーションセンター（研究所）所属の約150人の研究職である。研究職についても管理職層同様に2022年4月に等級制度が改定されている。改定前は研究職以外同様の「参事補」「参事」「監事補」「監事」「参与」に加え，「上級研究職」と「高度専門職」からなっていた。

　新たに研究職に導入された等級制度は，P1〜P5（P＝Professional）の5等級からなる発揮行動等級である。研究所勤務であっても，ラインポジションに

図表 3 | 等級制度の全体像

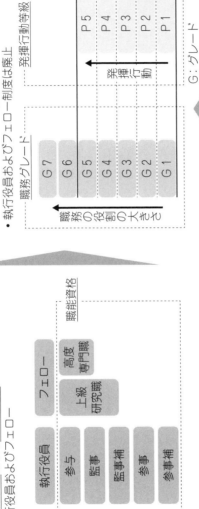

[旧制度]

・職務遂行能力を基軸とする職能資格
・上級研究職および高度専門職
・執行役員およびフェロー

[新制度]

・職務の役割の大きさを基軸とする職務グレード
・発揮行動を基軸とする発揮行動等級
・執行役員およびフェロー制度は廃止

G：グレード
P：プロフェッショナル

つくと職務グレードに移り，担当職務の役割の大きさに応じて該当する職務グレードに格付けられる。研究職の発揮行動等級は，イノベーション，ソート・リーダーシップ，テーママネジメント/プロセス推進，チームリードの4つの軸に対して評価される役割定義に基づいている。4つの軸はさらに各軸を構成する詳細な行動からなっており，発揮行動レベルがP1〜P5の5つにランクづけられ等級構造を構成している。個々人の発揮行動等級の格付けは，詳細行動の個別項目のそれぞれに対して個人のレベルがランクづけされる。そして，ランクづけされた行動項目をすべて足しこんで，該当する等級に格付けられるというものだ。詳細行動の項目は，一般的には高パフォーマンスにつながる行動であるコンピテンシーと捉えてよいだろう。

　研究職を他の管理職層とは異なる社員等級とした理由は，研究テーマは頻繁に変わるため，テーマに応じて等級が上下すると処遇が不安定になる。等級が上がる場合はよいが，等級が下がると等級降格に連動して給与水準も落ちてしまい，リテンションに問題が発生する可能性があるためである。

5　内部公平性と外部公平性（競争力）の両立を目指し報酬制度を改定

　職能資格等級から職務グレード・発揮行動等級への改定目的の1つは，増加する経験者採用への対応である。人材マネジメント方針に示されているとおり，「ビジネス起点で必要なグループ内/外の人材を活用し，組織・人の"最適なフォーメーションに迅速に応える"」ためには，グループ企業外からの経験者採用もこれまで以上に重要となってくる。その際に問題となるのが，賃金水準の決定をどうするかだ。職能資格等級の等級基準である職務遂行能力であれば，（理論的には）能力を見える化して，測定・評価しなくてはならないことになるが，現実にはそれは難しいため，経験者採用の賃金水準決定に問題が発生する。職務を基準に賃金を決定すれば，職務が要求する知識・スキル・経験などの人的要件が，それぞれのポジションに対して明確化されているため，賃金決定の理由を明確に示すことができる。公平性や納得性などは飛躍的に向上すると思われる。

　実際に「以前は，経験者採用は少なく，新卒中心だったが，2018年くらいからは3割くらいは経験者採用になっている。18〜19年は欠員補充が中心の印象だが，ここ2〜3年はDXやものづくり人材などを経験者採用している」（赤坂

┃図表4┃　人材マネジメント方針

当社は，変わりゆく事業環境・顧客ニーズに対応すべく，人材マネジメントにおいては，

> 各事業・機能が向き合う，将来にわたるお客様・市場の期待に，ビジネス起点で必要な
> グループ内/外の人材を活用し，組織・人の"最適なフォーメーションで迅速に応える"

> "多様な人材"が，"属性（入社年・勤続年数・学歴・国籍等）にかかわらず"，"公正に処遇"される

> 会社が求める"役割・職責・行動・目標"に対し"能力を発揮し，貢献した人"，
> 将来を見通し"成長していく人"に報いていく

> "自律的な個人の成長"を通じた新たな付加価値の創出と，会社による"技能伝承・
> グループ基盤を活かした育成"を通じたグループ力強化を共に実現していく

> 価値観を共有した，グループのあらゆる立場にある個人が，健全に"正しい"ことを貫ける，
> "自由闊達で風通しの良い"

会社となることを目指していきます

出所：労政時報　第4052号/23.3.10

　氏）とのこと。そんな中で「DX やIT 人材などはかなりの取り合い状態」（大澤氏）となっているそうだ。

　従来，日本企業は内部公平性を重視する傾向が強かったが，経験者採用が増えると外部労働市場を意識することが重要となり，内部公平性とともに外部公平性（競争力）の実現が必要となる。管理職層対象の人事制度改革の目的の1つは，そんな近年の変化への対応であった。本書で紹介している他社と同様に，同社では外部公平性の確立のため報酬サーベイに参加するなどして，外部労働市場のマーケットペイ（産業別・規模別・組織階層別など）を収集し，外部労働市場を考慮した賃金水準の決定を行っている。外部労働市場の賃金水準の活用方法は，職務グレード別職務給レンジのミッドポイントを報酬サーベイに連動して決めるというものだ。人事の基本目的であるアトラクション（採用）やリテンションのためには外部公平性の確立が不可欠なためだ。

　また，同一職務グレード内で賃金レンジを4つに区分し，人事考課結果が同じであれば，低い区分ほど昇給率が高くなり，区分が高くなるほど昇給率が低くなる。同一等級に長く留まると，昇給率が低くなるというわけだ。これも他社と同様である。

6 ｜ 多様な人材に対する公正な処遇の実現

　職務グレード・発揮行動等級の導入のもう１つの目的は，人材マネジメント方針の「"多様な人材"が"属性にかかわらず"公正に処遇される」ためには，入社年次・勤続年数・学歴などに連動して処遇が決まりやすい職能資格等級からの脱却が必要，ということだ。たとえば，職能資格等級の基盤である職務遂行能力について，日本では「発揮能力だけでなく潜在能力を含めて能力と捉えるため，いったん取得した能力は低下しない」との前提が普及していた。そうなると，（理論的には）勤続年数に連動して能力が蓄積されていることとなり，実際には，求められる能力を有していない従業員であっても，賃金水準が落ちないこととなる。特に変化の激しい現在，以前習得した能力が現在でも必要とは限らない可能性が拡大しているだろう。同社では人事考課に連動した降格制度は以前から存在していたが，適用されるケースは少なかったという。

　これに対して，職務基準の人材マネジメントとなれば，担当職務に賃金がついているため，異動でポジションが変わる，あるいはポジションの職務内容に変更があった場合には，職務グレードを見直すことになる。なお，職務内容の変更時には職務評価も行われる。見直しの結果，職務グレードが変更になれば，その時点で昇給・降給となる。属人的要素を排したジョブ型人事により，属性に限らず多様な人材を公正に処遇することが可能となる。

　さらに，人材マネジメント方針の「会社が求める"役割・職責・行動・目標"に対して，"能力を発揮し・貢献した人"，将来を見通して"成長していく人"に報いていく」ためにも，職務基準のほうが優れている。役割・職責・行動・目標などが明確化し，能力発揮度・貢献度も把握しやすいし，キャリア開発・成長の方向性も把握しやすくなるためだ。これは組織と個人の双方にとって有益なことだろう。

7 ｜ より計画的・総合的な経営者育成にシフト

　2022年度から経営人材育成スキームも改定され，より計画的・総合的な「次世代経営人材育成プログラム」がスタートした。以前から将来の経営者候補を選抜して選抜研修を行っていたが，研修受講と仕事のアサインメントなど日々

の職務との連動がないなどやや不十分であった。2022年からは，部長層，課長層，係長・主任層の３層に分けて，それぞれのレイヤーで一定数を次世代リーダー候補とフラグを立て，仕事のアサインメント，１-on-１ミーティングなど日々のコミュケーション，360度フィードバック，外部研修受講など，より計画的・総合的な次世代経営人材育成スキームに改定された。

　次世代経営人材育成の対象者選抜は，まず各カンパニーで選び，さらに，選抜された人材の中でも重点育成する人材を人材委員会で選ぶ。このように全社として次世代経営人材を育成していく。選抜人材の育成計画は，HRBPのアドバイスを受けながら，上司あるいは上司の上司などが起案する。

8　成果創出を目指し，人財開発重視の人事考課

　ジョブ型人事の導入，組織長ポジションの職務調査票の公開により，自律的キャリア開発の基盤ができたことはすでに紹介した。人材マネジメントのもう１つの焦点は，人材マネジメント方針に掲げられている「"自律的な個人の成長"を通じた新たな付加価値の創出」である。同社では，人事考課体系の改定，社内公募制度の拡充，１-on-１ミーティングの導入（上司と部下とが"つながる"ことを表すため，同社ではハイフンを入れて表記している），新たな研修体系など自律的キャリア開発のための施策を実施している。

　ここでは人事考課体系の改定に焦点をあてて紹介する。人事考課の目的は，処遇に対する処遇判断目的（Judgement Purpose）と人材開発目的（Development Purpose）の２つがあるが，日本では処遇判断目的が重視されてきた。ジョブ型人事によって，ジョブと連動した人材開発が具体化するため，人事考課に関しても人材開発目的が重視されることが予想される。さらに，日本で処遇判断目的が重視されてきた大きな理由は，昇進や賃金決定などの処遇は内部での評価のみで決定していたことである。これに対して，昇進や賃金決定などの処遇が内部の評価だけでなく，外部労働市場での評価によっても決まってくると，処遇判断目的は相対的に重視度が下がり，開発目的の重視度が上がる。賃金水準の決定にマーケットペイを参照するなど，内部公平性とともに外部公平性を重視する三菱マテリアルにとって，これからは人材開発目的が重要となってくるようだ。

　実際に，同社における人事考課目的変化の方向性は，処遇判断目的よりも成

果創出のための成長を目指した人材開発目的を重視する方向へと変化している。具体的には，パフォーマンスマネジメントサイクルの一環であることをより意識してもらう内容への考課者研修の見直しなどである。

　人事考課の内容については，「行動考課」と「業績考課」の2つがあり，両者ともにサイクルは1年である。業績は個人の能力や努力だけではコントロールできない要因に影響を受けるが，行動は自身の努力によって望ましい行動を実現できやすく，行動に対する開発意欲が高まることが考えられるため，人材開発で特に重要となる「行動考課」からみていく。

　行動考課は，旧制度下では2016年に制定した「当社グループの求めるリーダー像」に基づき，①人格・気概，②事業構想力，③構想実現力，④異文化や変化の受入れ・変革の推進，⑤情報ソース，の5つの項目であった。これに新制度では，⑥人材育成，⑦自由闊達なコミュニケーションを追加し，全7項目で行動発揮度合いを評価する。このように，行動考課項目においても「人材育成」が追加されており，人材開発目的重視の姿勢がみてとれる。

　業績考課は，「組織目標達成に向けた目標」「業務効率化，変革に向けた目標」「さらなる成長に向けた目標」の3つのカテゴリーごとに目標設定をする。な

｜図表5｜　行動考課の項目

	考　課　軸	
1	人格・気概	
2	事業構想力	長期的な視点
		広い視野
3	構想実現力	決断力・実行力
		リーダーシップ
4	異文化や変化の受入れ・変革の推進	
5	情報ソース・人脈	
6	人材育成	
7	自由闊達なコミュニケーション	

出所：労政時報　第4052号／23.3.10

｜図表6｜　業績考課の項目

	目標カテゴリ	
1	組織目標達成に向けた目標	自身の職務における，組織目標の達成に向けた目標
2	業務効率化，変革に向けた目標	自身の職務における，業務効率化や変革の実現に向けた目標
3	更なる成長に向けた目標	職務の役割・責任，成果の充足や，今後のキャリア進展につながる自己の成長，部下の成長に向けた目標

出所：労政時報　第4052号／23.3.10

お，３つのカテゴリーそれぞれに複数目標を設定することも可能である。業績考課の面でも「さらなる成長に向けた目標」を設定しており，ここでも人材開発目的重視が表れている。

　従来は，行動考課を昇格と月例給に，業績考課を賞与に連動していた処遇との関連も変更された。行動考課と業績考課からなる新設の総合考課が月例給に連動し，業績考課が賞与への連動となった。業績考課の処遇への連動度合いが強まったのである。人材マネジメント施策の「会社が求める"役割・職責・行動・目標"に対し，"能力を発揮し，貢献した人"，将来を見通し，"成長していく人"に報いていく」ためには，総合考課の導入，業績考課の処遇への連動強化が必要との判断からだ。人材開発重視の姿勢を強調したが，いうまでもなく人材開発は組織と個人双方の成果創出にある。

9 ｜ 多様な人材を生かす人材マネジメントを模索

　管理職層に対して職務基準の人材マネジメントを導入した三菱マテリアルであるが，非管理職層も含めて全社員に管理職層同様の職務主義を導入するかは議論のあるところのようだ。主な理由は多くの職種が存在する同社では，職務主義が全員に当てはまるわけではないからだ。従業員の半分が現業職で，工場でものを作る，交代制の仕事もある，など多様な働き方がある，という実態を踏まえると，現業職の中には個人の職務を切り取りにくい仕事もある。

　前述のとおり，ジョブ型人事は経験者採用に親和性があるなど，外部労働市場を意識した人材マネジメントには適している。だが，社内には技能の熟練が必要となる長期雇用と親和性のある仕事も多い。また，特定の工場に紐づく技術も多いため，転勤が多くない人もいる。対して，人事や経理などの職種は，本社でも事業所でも必要があり，転勤も多くなる。

　職種によって，ジョブとの向き合い方は多様なのである。全従業員に，職務主義を取り入れるかどうかは多様性に合わせていくべきだろう。これも三菱マテリアルが掲げる人材マネジメント方針「"多様な人材"が，"属性に関わらず"，"公正に処遇"される」１つの取組みであり，「"自律的な個人の成長"を通じた新たな付加価値の創出と，会社による"技能伝承・グループ基盤を活かした育成"を通じたグループ力強化を共に実現する」を具体化する人材開発の形態だと感じさせられた。

　各社にはそれぞれ自社にあった人材マネジメントが存在する例であろう。「多様な人材を生かす」を実現する三菱マテリアルの挑戦は続いていくようだ。

「主体的なキャリア形成」「透明性のある処遇・報酬」「多様性への促進と支援」を柱に人事制度を改定

——「キャリアのオーナーシップは個人へ」をキーワードに新たな人材マネジメントのあり方を追求——

三菱ケミカル

1 "組織内外の環境変化に対応できているか"との課題認識から人事制度を改定

　三菱化学・三菱樹脂・三菱レイヨンの3社合併により，2017年4月に発足した三菱ケミカルは，合併時に統一した人事制度を導入した。その後，3年経過して課題も見えてきたことから，2021年4月に社員等級，処遇・報酬，評価，異動など幅広い分野の人事制度を改定した。本稿では，三菱ケミカルにおける人事制度改革を紹介する。

　三菱ケミカルにおける人事制度改革の目的は，組織内外の変化への対応にある。外部環境の変化で同社が重視する変化は，1つは，「市場環境の変化・グローバル競争の激化」であり，もう1つは，「労働力人口の減少」である。これらの変化に対応して会社も変わらなければ生き残れない，というのが同社の認識だ。

　この2つの変化の内容をみていくと「市場環境の変化・グローバル競争の激化」については，化学という地球環境に直結した業界に位置する三菱ケミカルにとってサーキュラーエコノミーへの転換など社会の仕組みを変えるような変化が，まさに同社を直撃している。他方，国内外でのM&Aなどにより，事業構造の変化のスピードも一層増してきている。さらに，ますます複雑化・高度化する顧客からの要求への短期間の対応も必須だ。そういった外部環境の変化の中で，従来の大量生産型のビジネスモデルから，付加価値提供型ビジネスへの転換が重要性を増している。

　もう1つの「労働力人口の減少」については，2019年に出生数が90万人割れするなど，少子化が加速する中で，オペレーターの採用がこれまで以上に困難

となることが予想され，女性やベテラン層の活用がより重要となっている。人材の採用・活用のための有効な人事戦略が求められるところだ。

組織の内部環境変化に関しては，「人材の流動化」と「（従業員）人材の多様化」が挙げられる。2つの変化のうち「人材の流動化」については，人材流動化が進んでいる中でキャリア採用も増えることが予想され，若い男性を採用して彼らが定年まで勤めあげることを前提とした従来の日本型の人事モデルは成り立たなくなっている。その結果は「（従業員）人材の多様化」した組織である。多様化の要因として性別・年齢を考えれば，これまではコア従業員層では必ずしもなかった，女性やベテラン層の比率が増し，重要性も増していくだろう。しかも，同性・同年代の中でも価値観や経験，キャリアなどの面での多様化が進展していく。男女ともに育児休暇を取得して，ワークライフバランスを取りながら働く時代となる。この変化は，管理職や総合職でも子育て中の時期などで転勤が難しくなる人も多くなることを意味しており，また，「人生100年時代」といわれる時代の中で介護も長期化し，仕事の継続が困難な人も増える。これまでとは異なり，社命があれば従うという環境ではなくなっているのである。

ある意味では「従業員全員が制約社員」と捉えるべきというのが，三菱ケミカルの認識だ。それを前提に，社内環境や仕組み，制度を作っていくことが必要で，そうでないと優秀な人材は確保できない，と同社は捉えている。Japan人事部労制グループ長の小野友軌氏は「従業員のチャレンジやイノベーションにつながる取組みを積極的に支援できているだろうか。年功的な処遇になっているのではないか。もしそうならば，魅力的な処遇の提示ができていないのではないか」と，三菱ケミカルが人事制度改革をスタートさせた問題認識を語る。

2 制度改定3つの柱で "会社と従業員が互いに選び，活かし，成長する" を目指す

新たに導入された制度では，会社としてのありたい姿として「会社と従業員が互いに選び，活かしあう関係，ともに成長していくカルチャー」を掲げている。そして，その実現に向け，「主体的なキャリア形成」「透明性のある処遇・報酬」「多様性への促進と支援」の3つの方針を制度改革の柱としている。

それぞれ内容についてみていく（**図表1**）。まず「主体的なキャリア形成」について。制度改定のキーワードとなっているのがチャレンジであり，これは成長やキャリアアップのためには，現状維持ではなく，現状を打破するチャレ

ンジを促す，という意味だ。従業員が担う仕事も，今後はイノベーションや技術革新が中心となる。今までのように，与えられた仕事に取り組めばよい時代ではなくなっている。自分自身で職域を広げることで，自分の働く場所を守っていく。そして，会社はそれを支援する。こういう関係が成り立った時に，会社と従業員が，お互いに選び，活かしあう関係を構築し，ともに成長していくカルチャーが醸成される。主体的キャリア形成を実現する，1人ひとりが仕事を通じて自身のやりたいことを実現する。そのために必要な専門性や知識を自分の意思で習得していけるキャリア機会を会社は提供する。これが制度改定の目的の1つである。

　2つ目が「透明性のある処遇・報酬」である。従来の日本型人事のように年齢・勤続年数・性別などの属性が処遇・報酬に影響を与えるのではなく，現在ついているポジションの市場価値や成果・業績によって処遇が決まっていく。この実現のため同社は，処遇・報酬の基本に「Pay for Job, Pay for Performance」を掲げている。

　3つ目が「多様性への促進と支援」である。前述のとおり，女性・ベテラン

▎図表1 ▎　人事制度方針

> **会社と従業員が互いに選び，活かしあう関係，ともに成長していくカルチャー**

主体的なキャリア形成

- 1人ひとりが，仕事を通じて自分がやりたいことを実現できる，社会に貢献できる
- 必要な専門性・知識を習得したり，経験を積んだりする機会を自らつかみ取るチャンスがある

透明性のある処遇・報酬

- 年齢や性別，勤続年数等の属性によって報酬が決まらない
- 従業員の挑戦を支援するための成果・業績・市場価値に応じた，透明性のある処遇の仕組み

多様性への促進と支援

- 個人の多様性ある価値観の尊重
- 各人の事情に応じたそれぞれのチャレンジを支援する
- 上司は部下の思いをきちんと把握し，挑戦と成長を支援する

出所：労政時報　第4017号/21.7.9

｜図表2｜　人事制度改定における各種施策の関係性

各種の施策が連動することで，ありたい姿を実現する

主体的なキャリア形成

✓主体性を重視した人事異動
（公募制，若手ローテーション，転勤等）
✓成長支援の拡充
（面談の高頻度化，1 on 1）

課題意識

年齢や家族構成等，職務や成果以外の要素で，報酬（福利厚生を含む）が決まると仕事におけるチャレンジの価値が薄れる

課題意識

個人の価値観に沿ったキャリアを実現するチャンスがなければ，多様な人材に選ばれる会社になれない

透明性のある処遇・報酬

✓職務や貢献によりメリハリの付いた給与・賞与
✓市場水準に見合った報酬
✓属性によらない処遇
　⇒ 福利厚生は給与を「補完」

多様性への促進と支援

✓65歳までの定年年齢の引き上げ
　※将来的には定年廃止を検討
✓カフェテリアプラン
✓柔軟な働き方（両立支援）

課題意識

置かれた状況や価値観が異なるからこそ，属性に影響されない，フェアで透明な処遇制度が必要

出所：労政時報　第4017号/21.7.9

層の重要性の増加，価値観・経験・キャリアなどさまざま面での多様化，全従業員にとってワークライフバランスがより重要となる，など多様化は一層進んでいく。三菱ケミカルはこれを「従業員全員が制約社員」と捉え，個人の多様な価値観を尊重し，多様な各人の事情に応じたチャレンジを支援するとの方針である。

　「各種の施策が連動することで，ありたい姿を実現する」との言葉が表すように，すべての施策が全体として機能するために各種施策を連動させることが重要だというのが，人事制度改定にあたっての三菱ケミカルの姿勢である。

3 ｜ 職務を機軸に社員等級を再構築

3-1　管理職層対象に職務基準の社員等級を導入

　2020年11月に管理職層対象の社員等級制度が改定され，管理職の全約5,000ポジションに対する職務記述書が作成された。ジョブ型人事の設計は，職務分析を行い，個別職務に対する職務記述書の作成から始まる（職務分析については第1章参照）。三菱ケミカルでもこのジョブ型人事の基本的な設計プロセスが実施された。2017年の3社合併による三菱ケミカル設立時点で導入された管理職層対象の社員等級においても職務記述書が作成されており，ジョブ型の社員等級であった。だが，当時は時間的制約もあったため，ベンチマークポジションのみ職務記述書を作成し，それ以外のポジションについては，ベンチマークポジションとの相対的な評価によって職務価値を決めていた。だが，2020年導入の社員等級では，全管理職（出向者等を除く）のポジションを対象に職務記述書が作成された。職務記述書の内容は，職務・職責，成果責任，主要タスク，

｜図表3｜　管理職層の等級体系

◆管理職の等級はMP4〜EXDの5等級
◆職務評価によって等級が決定

＜旧体系＞

執行役員
M6
M5
M4
M3
M2
M1

＜新体系＞

EXD
MP1
MP2
MP3
MP4

出所：労政時報　第4017号/21.7.9

職務登用要件などである。現在のところ，職務評価の公開は本人とその上司に限られている。

　各ポジションの等級は職務記述書に記載された「職責」に基づく職務評価によって設定された。たとえば，最上位等級のEXDならば所管役員の下の階層である本部長などの所属長が主に該当する。原則として組織長につくのはMP3以上であり，MP4は非職位の管理職である。

　同時に，社員等級の体系にも変化があった。改定前は，執行役員の下にM1〜M6（M6が最上位）の6つの等級があったが，新制度ではEXDの下にMP4〜MP1（MP1が最上位）と変化した。EXDは管理職最上位の等級である。

3-2　職務の束「役割」に焦点をあてた一般社員層の社員等級

　2021年4月に一般社員層の社員等級も改定された。改定前の一般社員層の社員等級は「職能資格」と「職務等級」の併存型等級であった。職能資格の基準となっている職務遂行能力については，「職務遂行能力を潜在能力も含めて捉え，職務遂行能力は低下しない」との日本型人事の世界で普及した前提どおり，三菱ケミカルでも基本的に下がることはなかった。これに対して，改定後の新社員等級は，管理職層と同様に能力主義から職務（役割）主義に変化した。

　理由はこれまでの職能主義では，過去の能力・経験をベースに処遇が決まるため，現在の仕事の内容やレベルを問わず，ベテラン・中堅のほうが給与が高く，若手が簡単に抜けないことが一般的であった。その結果，ベテラン・中堅は「どうせ下がらない」，若手は「どうせ上がらない」となって，チャレンジ意欲が薄れてしまう。チャレンジやイノベーションを重視する同社にとっては問題であった。一方，職務主義では現在の職務内容やレベルを基準に処遇が決まるため，ベテラン・中堅を若手が抜くこともある。そうなってくると，ベテラン・中堅は過去の経験・能力をベースにチャレンジを続ければ，従来の上下関係は維持・拡大できるが，チャレンジを怠ると給与や等級が下がる可能性がある（もちろん再チャレンジは可能で，会社としても支援をしていきたい，というのが同社の姿勢だ）。若手のほうは積極的にチャレンジすれば，ベテラン・中堅を抜くことも可能だ。このように職務主義によって，若手，ベテラン・中堅のすべての従業員のチャレンジ精神を刺激し，組織の活性化・パフォーマンス向上に結びつく。

　このように職務主義という原則レベルでは，一般社員層も管理職層と同じであるが，実際の施策部分では管理職層とは異なる点がある。それは，職務記述書に基づく職務評価によって抽出された個別ポジションの職務価値ではなく，職務の束である「役割」にフォーカスした制度になっている点だ。なお，名称は管理職層と同様に「職務等級」である。管理職層の社員等級が職務記述書に基づく職務評価によって構築されているのに対して，一般社員層の社員等級は各等級の等級定義によって構築されていることも異なる点だ。一般社員の等級は，「専門知識」「事業の知見」「リーダーシップ」「問題解決」などの要素に対して，等級ごとにレベルが設定されている。これを同社では「等級定義」と呼んでいる。個人は担当職務が該当する等級定義の等級に格付けられる。

　一般社員層の社員等級体系については，改定前は基幹実務職群と総合職群の2つの職群に分かれていた。基幹実務職群は，職能資格がK6〜K1（K1が最上位）の6等級，職務等級がKE〜KA（KAが最上位）の5等級からなっていた。総合職群は，職能資格がS3〜S1（S1が最上位）の3等級，職務等級がSC〜SA（SAが最上位）の3等級からなっていた。それが改定後はT職（工場のラインオペレーター）とE職（工場のラインオペレーター以外）の2区分となり，T職の職務等級はT5〜T1（T1が最上位）の5等級，E職の職務等級はE4〜E1（E1が最上位）の4等級となった。

｜図表4｜　一般社員層対象の新社員等級イメージ

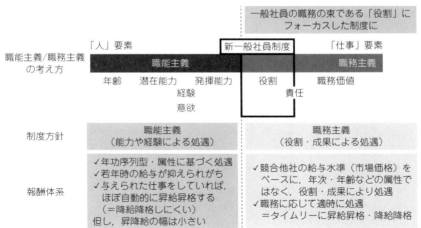

出所：三菱ケミカル社内資料

|図表5| 一般社員層の等級体系

◆「職能資格」を廃止し、職務（役割）に応じた「職務等級」に一本化
　⇒年次・年齢を問わない仕事の職務（役割）に応じた等級（非年功序列）
◆チャレンジラインを設定し、特にチャレンジしてほしい職務レベルを明確化

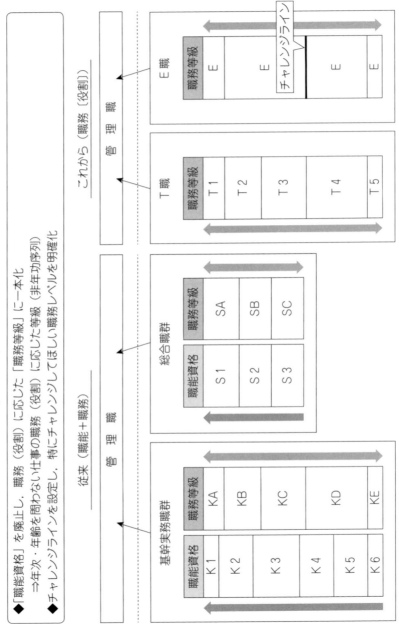

出所：労政時報　第4017号/21.7.9

4 内部公平性と外部公平性（競争力）の両立を目指し報酬制度を改定

　報酬の柱は月例給と賞与からなるが，本稿では月例給に焦点を当てて紹介する。管理職・一般社員ともに月例給は職務給1本であり，これに福利厚生施策としてカフェテリアプランを導入している。従来日本企業は，内部評価のみで報酬水準を決定する傾向が強かったが，本書で紹介している他社同様に，三菱ケミカルでも内部公平性とともに外部公平性（競争力）を重視しており，内部公平性と外部公平性の両方を実現する報酬を目指している。

　外部公平性の実現のため，外部の報酬サーベイ等に参加してマーケットペイ（産業別・規模別・組織階層別など）を収集し，報酬水準決定の参考にしている。具体的な方法は，各職務給レンジの中央値を，マーケットペイを参照して決めるというものだ。また，各賃金レンジを4つに区分し，人事評価結果が同じであれば，低い区分ほど昇給率が高くなり，区分が高くなるほど昇給率が低くなる。同一等級に長く留まると，昇給率が低くなるというわけだ。これも他社と同様である。

　職務給の改定は，年1回の定期賃金見直し（職務給の昇降給）と，ポジションの変更に伴い社員等級が変更（等級の昇降格）になった時，である。同社では全従業員を対象に，年に2回ポジションの見直しを行っており，その際に社員等級の変更が起こる可能性がある。

5 人事評価は目標管理一本で

　人事評価は目標管理一本で行われている。3社統合後に新たな人事制度に移行した際に，ペイフォージョブ，ペイフォーパフォーマンスの原則を導入して，現在の形となっている。評価期間は1年間で，評価結果が基本給と賞与に反映される。

　人事評価に関しては，3社統合時に導入された制度と大きな違いはないが，面談の頻度アップ（チェックイン），1 on 1の導入など運用面でのいくつかの改定が行われている。面談の頻度アップについては，従来は期初の4月に目標設定面談を行い，10月に中間面談，期末の翌年3月に評価面談を行うというスケジュールであった。だが，環境変化が激しくなっている中で，目標に関する

環境も変化し，期中で目標が変わる可能性もあるため，面談のインターバルが半年では変化への対応が十分ではない。そこで，面談の頻度を上げることとし，従来1時間程度行われていた中間面談を複数回に分け，1回あたりの時間を短くして，こまめにコミュニケーションをとる。そして，状況に応じてフィードバックを行うとの方向で面談方法の改定が行われた。同社では新たな高頻度の面談を「チェックイン」と呼んでいる。

　面談は目標に対するコミュニケーションが内容となるが，それ以外の日々の課題やキャリアなどに関して話し合う場として，1on1ミーティングを導入した。頻度は最低でも四半期に1回の実施で，1回あたりの時間は15～30分としている。もちろん1on1ミーティングは，評価とは切り離されている。

6 ｜ 「会社主体から個人主体へ」をキーワードに新たな異動施策を導入

　「会社主体の社内ポータビリティを目指した能力開発」と「長期雇用による安定した人生設計」という補完性を有する従来の日本型人事では，今後の競争優位につながらない。今後は個人の意欲と主体性を高め，会社と本人がともに成長するWin-Win関係を目指す，との認識から，三菱ケミカルでは人材マネジメント（人事異動）の方針も会社主体から個人主体へと，大きく変化した。本稿では，個人主体の異動の具体的施策である「社内公募」「チャレンジキャリア」「ライフプランに配慮した人事異動」を取り上げる。

6-1　人事異動は原則社内公募に転換

　これまで会社主導で行われてきた人事異動は，異動は原則として社内公募で行うことに改定された。改定以後は，ポジションに空きが出た場合は，必ず社内公募を行うこととなり，ポジションを希望する従業員がいて，マッチングが成立すれば異動となる。この異動に関する仕組みの変更により，社内公募に応募して合格しなければ，原則異動は発生しなくなる。自分の望むポジションに異動する，あるいは自分の望むキャリアを実現するためには，自ら手を挙げてチャレンジしなくてはならなくなったというわけだ。まさに「会社主体から個人主体」の異動による「主体的なキャリア形成」実現のための施策である。社内公募は1月，4月，7月，10月の年4回実施され，2020年10月からスタート

┃図表6┃　人材マネジメント方針の転換─会社主体から個人主体へ

◆「会社主体の社内ポータビリティを目指した能力開発」⇔「長期雇用による安定した人生設計」は今後の競争優位性につながらない
◆これからの人材マネジメントは，個人の意欲と主体性を高めることにより，会社と本人がともに成長するWin-Winの関係を目指す

■人材マネジメント方針

従来：会社主体

社内ゼネラリストを軸に，会社成長と長期雇用を実現

➢会社
- 社内・部門内の調整や事情に精通した人材育成（ゼネラリストの育成）
- 多数の同質人材による容易な会社主体の配置

➢従業員
- 社内の同質な価値観の下で通用する能力開発
- 会社主体の配置を受け入れることで，長期雇用が保障され，安定した人生設計が実現

これから：キャリアのオーナーシップは個人へ

個人の多様なキャリアの価値観と，会社の戦略の一致をつなげた成長を実現

➢会社
- 自律的なキャリアデザインを支援
- 戦略的人材配置により，会社と本人の成長をともに推進
- 高い専門性による生産性向上や事業競争力の向上

➢従業員
- 適性や志向による自律的なキャリアデザイン
- キャリアの実現を目指して，新たな職務に挑戦する高い意欲と主体性

出所：労政時報　第4017号/21.7.9

している。

　社内公募の対象となるポジションについては，必要となるスキルや経験などの要件を明記しており，要件を満たしていると判断した従業員が自ら応募する。応募者があった場合には，公募を出した部門で面談等を行い，合否が決定する。なお，管理職ポジションの公募対象は管理職であり，一般社員のポジションの公募対象は一般社員である。管理職が一般社員のポジションに，一般社員が管理職のポジションに応募することはできない。

　公募でマッチングした場合は，合格から異動まで原則3か月以内，最長6か月以内に異動することとなっている。マッチングが成立すると，異動前のポジションに空きが出る。後任が必要な場合には，当該部門が社内公募を行う。これを各部門で行っていくことで社内の異動を行っていく。

期限内に応募者がいない場合，あるいは応募はあったがマッチングにいたらなかった場合には，会社主導の異動か外部からの採用に切り替える。会社主導で異動が行われる場合にも，転居を伴う場合は，一般社員層の場合は本人の同意を得たうえでの異動となる。社内公募によるマッチング成立率はポジションによって異なり，全体では30〜50％程度とのことだ。

6-2 若手社員の自律的キャリア支援策「キャリアチャレンジ」

入社5年以内かつ32歳未満の社員を対象に，自ら希望する部署・ポジションの選考を受ける権利を与えるのが，キャリアチャレンジである。若手社員のキャリア支援策として設けられた。選考を受ける回数に上限はないが，一度キャリアチャレンジの精神を行使して異動すると，その権利は消失する。

新卒採用者の場合，入社直後は特定のビジネス領域や職種などに関して，自身の興味や適性を明確に把握している人は多くないことは，想像がつく。入社後数年間経験を積んでいけば，自分の興味や適性，進みたいキャリアの方向性などがある程度見えてくることも多いだろうが，その時に自分の希望する部署やポジションで社内公募が出るとは限らない。同社の人事制度改革の柱の1つ「主体的なキャリア形成」の実現には，社内公募だけでは不十分というのが，キャリアチャレンジ導入の目的である。

この三菱ケミカルの考え方は「人は仕事を経験して初めて，自分の興味や能力，モチベーション要因などがわかる」というエドガー・シャインのキャリアアンカーと同一のものだろう。キャリアアンカーの表現でいえば「人は仕事の経験を通じて自身のキャリアアンカーを発見する」のである。「キャリアチャレンジ」の導入は，経験によって知ったキャリアアンカーの実現施策と捉えられる。

キャリアチャレンジは，社内公募のタイミングに合わせて行われる。ただし，社内公募は年4回行うのに対して，キャリアチャレンジの申し出タイミングは年2回となっている。希望するポジションが社内公募に出ている場合には，社内公募に応募してもらい，社内公募がない場合に「入社5年以内かつ32歳未満」というキャリアチャレンジ権を有する従業員には，より多くの異動希望の機会を与えるとの意味で，年2回の行使を付与している。

社内公募と同様に，キャリアチャレンジによって必ず異動できるわけではな

い。ただし，キャリアチャレンジを行使して，チャレンジしても異動希望がかなわない場合であっても，「異動を希望するポジションの上司などと直接コミュニケーションが取れ，仕事や職場の状況，どういう人材が求められるのか，などを直接確認できる」（小野氏）という意味もあるという。たしかにキャリアチャレンジによって希望するポジションに就くためには，具体的にどんな知識・スキル・経験などが求められるかを知ることは，希望するキャリアルートの実現方法を知るうえで有意義であろう。

6-3　ライフプランに配慮した会社主体の異動

　主体的なキャリア形成を目指して，社内公募を異動の原則とした。だが，社内公募だけで適切な人員配置やタレントマネジメントを実現することは難しく，会社主導で戦略的な人事異動を行う場合もある。だが会社主導による異動についても，従業員のライフプランに配慮した仕組みとして「勤務地継続」と「勤務地希望」を導入した。

　勤務地継続については，一般社員層と管理職層で運用方法が異なっている。一般社員の場合は，本人の同意がなければ転居を伴う異動を行わない。管理職の場合は，本人の同意がなくても転勤を命じる場合があるが，一定期間は転勤を回避できる権利を認めている。一般社員と管理職が有するこれらの権利は，都道府県をまたいだ異動を望まない場合に行使でき，3年を1回として計2回まで利用可能である。

　勤務地希望については，特定の勤務地での勤務希望がある場合に，その内容をあらかじめ登録しておくものである。登録した内容は会社主体の異動を行う際の検討材料となる。登録内容は，現在勤務している場所でも，別の場所でもよい。ただし，勤務地継続とは異なり，希望を出した勤務地に必ず勤務できるわけではない。勤務地希望を出す期間に制限はなく，希望地の変更も撤回も自由に行うことができる。

　「主体的なキャリア形成」「透明性のある処遇・報酬」「多様性への促進と支援」をキーワードに，組織と従業員の新たな関係の構築を目指し，さまざまな人事制度を変革させた三菱ケミカル。制度変革から2年を経過して，従業員のマインドには変化が起こっているという。小野氏は「制度が変われば人が変わると

いうものではなく，制度を通じて徐々にマインドセットが変わっていくのでしょう」と語る。徐々に，だが確実に変化している従業員のマインドセットと，組織と従業員の関係を注視していきたい。

[著者紹介]

須田　敏子（すだ　としこ）

青山学院大学大学院国際マネジメント研究科（青山ビジネススクール）教授。
日本能率協会グループで月刊誌『人材教育』編集長等を歴任後，イギリスに留学。リーズ大学で修士号（MA in HRM），バース大学で博士号（Ph. D.）を取得。2005年より現職。専門は，人材マネジメント，組織行動，国際経営比較など。
主な著書に『日本型賃金制度の行方—日英の比較で探る職務・人・市場』（博士号論文の日本語要約版），『HRMマスターコース—人事スペシャリスト養成講座』（以上，慶應義塾大学出版会），『組織行動—理論と実践』（NTT出版），『マネジメント研究への招待—研究方法の種類と選択』（中央経済社）（以上，すべて単著），『日本型戦略の変化—経営戦略と人事戦略の補完性から探る』（東洋経済新報社）（編著），『人事・教育白書—自立型キャリア時代の到来』（日本能率協会マネジメントセンター）（小野紘一氏との共著），『持続的成長をもたらす戦略人事—人的資本の構築とサステナビリティ経営の実現』（経団連出版）（森田充氏との共著）などがある。

ジョブ型・マーケット型人事と賃金決定
——人的資本経営・賃上げ・リスキリングを実現するマネジメント

2024年2月5日　第1版第1刷発行

著　者	須　田　　敏　子	
発行者	山　本　　　　継	
発行所	㈱中　央　経　済　社	
発売元	㈱中央経済グループ パブリッシング	

〒101-0051　東京都千代田区神田神保町1-35
電話　03 (3293) 3371 （編集代表）
　　　03 (3293) 3381 （営業代表）
https://www.chuokeizai.co.jp
印刷／昭和情報プロセス㈱
製本／㈲井上製本所

©2024
Printed in Japan

＊頁の「欠落」や「順序違い」などがありましたらお取り替えいたしますので発売元までご送付ください。（送料小社負担）

ISBN978-4-502-48171-0　C3034

好 評 既 刊

研究方法論を正当化するロジックがわかる
学術論文執筆に不可欠の書

マネジメント 研究への招待

―研究方法の種類と選択―

須田敏子[著]
Ａ５判・ソフトカバー・264頁

中央経済社